KB274987

주말활동이
명문대를 결정한다

주말활동이 명문대를 결정한다

인쇄일 초판1쇄 | 2012년 6월 19일
발행일 초판1쇄 | 2012년 6월 26일
　　　초판2쇄 | 2012년 11월 22일

지은이 | 김은실

발행인 | 김시연
편집인 | 박용환
출판팀장 | 신수경
책임편집 | 양영광
편집 | 강희숙
디자인 | 씨오디
마케팅 | 허석용, 박종욱
제작 | 주진만

발행처 | (주)서울문화사
등록일 | 1988. 12. 16　등록번호 | 제2-484호
주소 | 서울특별시 용산구 한강로2가 302 (우)140-871
전화 | 791-0702　마케팅 | 791-0756
FAX | 791-0794　마케팅 | 749-4079
홈페이지 | http://books.ismg.co.kr　이메일 | book@seoulmedia.co.kr
인쇄처 | (주)서울교육

ISBN 978-89-263-9330-7(03370)

주말활동이
명문대를
결정한다

| 김은실 7mentor소장 지음 |

서울문화사

과감히 벗어던져라!

2012-2013-2014-2015-2016-2017……?

이 숫자의 의미는 무얼까? 자녀교육의 장기 로드맵 수립에 꼭 필요한, '교육 변화'가 예정된 연도들이다. 그렇다. 줄줄이 대기하고 있다. 모두 지각변동을 초래할 만한 '쓰나미'급이다.

젖 먹던 힘까지 동원해 죽어라하고 달린다. 목표점은 A. 마침내 1등으로 도착했지만, 승리의 깃발을 손에 쥐기는커녕 기대하던 깃발은 엉뚱한 B에 꽂혀 있다. 다시 B를 향해 죽어라하고 달린다. 그러나 이미 때는 늦었다. 꼴찌다.

"아이 하나 잘 키워보려고 최선을 다하고 있어요."라고 말하는 대치동 엄마들을 비롯한 전국의 엄마들에게 묻고 싶다. 지금도 달리고 있는가, 전 속력으로. 목표점은 잘 찾아가고 있는가. 엉뚱한 방향은 아닌가.

비밀 코드처럼 나열되어 있는 6개년 숫자의 의미는 이렇다.

· 2012년 중1 절대평가의 시작, 서술형 평가 50%까지 확대, 주5일제 전면 시행.

· 2013년 스토리텔링 수학 교과 도입(초등 1, 2학년부터).

• 2014년 대학 입시 수학능력시험 난이도별 A, B형으로 나누어 시행, 수능 영어 듣기 전체 문항의 50%로 확대.

• 2015년 절대평가 실시에 따른 고등학교 입시 대폭 변화 예상.

• 2016년 NEAT 대학 입시 수학능력시험의 '영어' 과목 대체.

• 2017년 절대평가로 첫 대학 입시 시작.

교육 전문작가로서, 교육 정보를 다루는 컨설턴트로서, 학부모들에게 위의 6개 년 계획을 눈에 잘 띄는 곳에 붙여놓고 외우라고 권하고 싶다. 매일 교육 정보를 접하는 일을 하는 나도 번번이 잊어버린다. 너무 헷갈린다. 많은 중요한 것들이 동시다발적으로 바뀌는 탓이다.

위의 변화들은 단순히 그때그때 대비한다고 해결되지 않는다. 입시는 물론 학습의 형태까지 구태를 벗어던지는 '알깨기'가 필요한 정도의 중요한 변화임을 강조한다. 단순 암기형 영어 학습, 전 과목 우등생 목표, 교과 선행과 문제풀이 위주의 수학 학습, '교과'로의 올인……이 모두가 몇 년 전까지만 해도 당연한 과정이었다. 그러나 이제 '구태'이며 깨뜨려야 하는 '껍질'이 되었다. 철 지난 정보를 손에 쥐고 온 힘을 다해 죽어라하고 뛴 결과는 '꼴찌' 성적표뿐이다.

이와 같은 변화를 이해하기 위해 수치와 내용을 단순 암기만 해서는 안 된다. '통합사고력 평가' 시대에 걸맞게 속에 품은 의미를 곰곰이 되새겨 논리적, 분석적으로 판단하고 내 아이에 맞게 재해석해야 한다. 그리고 중학교 입시, 고등학교 입시, 대학교 입시의 장기 플랜을 짜는 데 활용해야 한다. 또한 국어·영어·수학·사회·과학·음악·미술·체육 전 과목의 학습 방향도 일대 전환을 해야 하는데, 이들은 필수 자료들이다.

주5일제 전면 도입, 내신 절대평가의 시작, 쉬운 수능 등은 '교과 약화'를 의미한다. 위에 나열한 6개년의 의미를 한 줄로 요약하자면, '오랫동안 입시의 절대적 잣대였던 교과 성적이 약화되고 또 다른 변별요소인 비교과가 점차 강화되고 있다.'이다. 이러한 변화를 예측한 나의 첫 책이 〈대치동 엄마들의 입학사정관제 전략〉이었다. 4년 전에 집필한 이 책은 해가 갈수록 관심의 폭이 늘고 있지만, 지금까지도 '과연 그렇게 되겠어?'라며 반신반의하는 사람들도 많다. 새로운 입시제도를 다룬 나의 두 번째 책이 〈주말활동이 명문대를 결정한다〉이다.

많은 사람들의 의심 어린 눈빛을 진정시키고자 내 아이의 입시 체험을 이야기하려 한다. 올해 대학교 2학년인 아들은 입학사정관 전형으로 S대학교 경영대학에 갔다. 특목고를 다녔던 아들은 포트폴리오를 준비하고 동아리활동을 하느라 분주하게 고교 3년을 보냈다. 단 3명 뽑는 전형에서 S대학교는 아들을 선택했다. 아들은 지금 자신이 다니고 있는 학교가 고등학교 재학 시절 그토록 만나고 싶었던 경제학 관련 책자의 저자인 교수가 있는 학교이고, 그분의 강의를 직접 들을 수 있다는 사실이 믿겨지지 않는다며 함박웃음을 지었다.

아들은 열심히 강의에 임하고 있으며, '맛있는' 공부를 하고 있다. 미래의 로드맵도 부지런히 짜면서. 학교를 너무 열심히 다녀서 '경비과'(?) 학생 아니냐는 가족의 놀림을 받을 정도다.

경제 관련 전공을 목표로 세우고, 독서도 하고, 자료를 모으고, 동아리 회원들끼리 스터디 그룹을 만들어서 관련 대회에 참여하고, 논문도 작성하고……진로목표와 포트폴리오를 중시하는 입학사정관제를 준비하는 학생들이라면 나의 아들이 거친 준비 과정을 쉽게 이해할 수 있을 것이다.

　나는 내 아들을 비롯해 자신의 목표점을 찾아 개성껏 포트폴리오를 준비하는 학생들의 눈빛을 기억한다. 목표점을 향한 학생들의 눈에선 반짝반짝 빛이 난다. 그 젊음의 신선한 에너지는 생기를 느끼게 한다. 아무런 목적도 없이, 수동적인 자세로, 묵묵히 주어진 과제와 시험을 치러내는 학생들과는 시작부터가 다르다.

　나는 이런 입시를 꿈꾼다. 점수에 맞춰 대학과 학과를 정하던, 사람 대접 제대로 못 받던 부모 세대의 입시는 하루속히 자리를 내줘야 한다. 우리 아이들의 눈빛을 파란 빛으로 살아나게 해야 하므로.

　'스티브 잡스' 같은 인물을 '천재'라 칭송하는 시대에 입시제도의 변화는 필연이며 전 시대적 합의일 것이다.

대치동에서 김은실

03 주말활동 비교과 전략 10단계 따라하기

초등학교 탐색기 – 중학교 선택기 – 고등학교 집중기

04 주말활동 비교과 X파일

<u>05</u> 주말활동 비교과 Q&A

◦ '비교과'란 구체적으로 어떤 것을 말하나요?

◦ 입학사정관제로 입시를 준비하지 않는 경우에는 비교과를 신경 쓰지 않아도 되나요?

◦ 비교과는 초등학교 때부터 시작하는 것이 유리한가요?

◦ 학교생활에서 임원활동이나 선도부활동 등은 어떤 도움이 되나요?

◦ 봉사활동은 무조건 많이 하는 것이 좋은가요?

◦ 독서활동은 어떻게 관리되는 건가요?

◦ 인증시험, 외부 경시대회 등도 비교과로 인정받을 수 있나요?

◦ 교내활동이 아닌 경우에는 학교생활기록부에 올릴 수 없는 건가요?

◦ 고등학교 학생부에는 자격증을 올릴 수 있다고 하는데, 어떤 자격증이 가능한가요?

◦ 내신이 아주 우수한데, 비교과까지 준비해야 할 필요가 있을까요?

◦ 교과 공부와 비교과 준비는 어떻게 균형을 잡아 나가는 것이 좋을까요?

◦ 아직 진로를 정하지 못한 초등학생은 비교과를 어떻게 준비해야 하나요?

◦ 자기소개서 표절검색 시스템이라는 것이 무엇인가요?

◦ 특정학과에 맞춰 비교과를 준비하다 갑자기 진로를 바꾸면 이전 활동은 다 소용이 없나요?

◦ 해외체험활동은 반영할 수 있나요?

◦ 외부 동아리활동도 인정이 되나요?

◦ 모든 활동이 반드시 자신의 진로적성과 연결되어야 하나요?

◦ 비교과도 사교육이 필요하다고 하는데, 정말 그런가요?

입학사정관제의 특성에 따라 이제는 교과 영역 외에 비교과 영역이 중요해지는 시대로 가고 있다. 정책적으로 2011학년부터 교과 영역이 본격 줄었으며 상대적으로 비교과를 평가할 수 있는 제반의 장치를 가동시키고 있다. 입시제도 변화의 과도기라고 볼 수 있는데, 이런 시점에서는 변화의 소리에 귀를 쫑긋 세우고 방향을 정확히 찾아 나가는 것이 무엇보다 중요하다.

01

주5일제 시대가 열렸다

입시제도의 변화
Hot Keywords

　2012년은 한국의 입시 역사에서 매우 중요한 전환점이 될 것으로 예상된다. 6년 전부터 점차 확대되어 온 새로운 입시제도 입학사정관제의 윤곽이 매우 선명해지는 원년이기 때문이다. 해방 이래로 70여 년을 지속해 온 교과 위주의 입시제도에 쓰나미 효과와 같은 지각 변동을 일으킬 만한 새로운 입시제도가 발표되면서 속속 진행되고 있다.

　교과 성적 올리기에만 급급했고, 그 필요성밖에는 인식하지 못했던 학부모와 학생들은 입학사정관제 확산으로 '비교과를 준비해야 한다.'는 당위성만 알고 있을 뿐 모두 시작 시점에서 어떤 방향으로, 어떻게 무엇을 해야 할지 모르는 채 엉거주춤 눈치만 보고 있는 실정이다. 이럴 때일수록 정확한 정보를 양손에 쥐고 올바르게 방향을 찾아가야만 확실한 경쟁력을 갖출 수 있다.

◉

주5일제 전면 시행　　　2012년 신학기부터 전국 초·중·고 97%의 학교가 주5일제를 채택하여 시행하고 있다. 2000년부터 시범 운영해 온 주5일제가 전국에 있는 모든 학교로 확산된 것이다. 주중 수업 시간이 일부 늘어나고 토요일은 매주 휴업인 주5일제는 학생 스케줄 관리의 변화를 초래할 것으로 예측된다.

한편 주5일제가 전면 시행되고 있음에도 불구하고, 학교 측에서 제대로 토요 프로그램을 준비하지 못해 고민에 빠진 부모들이 더 많다. 그러나 발 빠른 엄마들은 이미 '토요 프로그램'을 계획하고 실행에 옮기고 있다. 토요일을 어떻게 활용하느냐에 따라 아이의 경쟁력이 달라질 것이라는 것을 체감했기 때문이다.

◉

절대평가 방식으로 전환　　　2011년 말 교과부에서 귀가 번쩍 뜨이는 소식을 발표했다.

'내신 상대평가에서 절대평가로 전환!'

현재 중학교 2학년이 고1이 되는 해인 2014년도부터 고등학교 내신 절대평가가 적용되고, 2012년 중학교 1학년부터 중학교 내신 절대평가가 시작된다. 상대평가와 절대평가, 이 두 가지 평가방식은 큰 차이가 있기 때문에 입시 자체에도 많은 변화가 예상된다. 따라서 절대평가가 입시에 적용된다면 적지 않은 입시의 변화가 뒤따를 것이다.

첫째, 학력이 높은 학교와 지역의 상대적 내신 불이익이 줄어들 것이다.

따라서 상위권 학생들이 밀집된 학교나 지역에서는 환영하는 분위기다. 상대평가를 할 때는 상위권 학생들이 많아 타 학교에서는 충분히 1등급을 받을 수 있는 실력임에도 어쩔 수 없이 4% 제한에 걸려 등급이 하락하는 경우가 빈번했다. 따라서 내신으로 1단계를 평가하는 특목고나 전국단위 자율형사립고(용인외고, 민족사관고, 상산고 등)의 입시, 내신 반영비율이 높은 대학 등의 입시에서는 다소 불리했다.

그러나 절대평가 체제에서는 점수 자격 조건만 되면 최고 레벨(A)을 받을 수 있으므로 이런 불이익은 사라질 전망이다. 학력이 높은 지역이나 학교의 내신 불이익이 사라지면 국제중이나 특목고 등으로의 쏠림 현상이 예상되고, 대학 입시에서도 내신 변별력 약화로 인한 입시제도의 변화가 초래될 것이다.

두 번째, '비교과'의 비중이 높아질 것이다. 현재 특목고 및 자율형사립고 등의 자격 기준에서 내신이 절대적인 비중을 차지했다. 국영수사과 등 주요 5개 과목 혹은 전 과목의 내신 석차백분율이 적용되어 일정 수준의 실력 미달이면 1단계 통과가 어려웠다. 그러나 절대평가가 되면 내신 변별력이 그만큼 낮아져 내신만으로는 우수한 인재를 선별할 수 없다는 문제에 봉착하게 된다. 예를 들어 '몸무게 50kg 이내인 사람'이라는 선발 조건이 있는데, 90% 이상이 이 조건에 해당된다면 변별력이 없을 것이다. 따라서 '몸무게가 50kg이고 키가 160cm 이상인 사람' 등의 또 다른 조건을 만들어야 한다.

이와 마찬가지로 내신의 변별력이 없으면 또 다른 조건이 강화될 텐데, 그 조건이란 다름 아닌 비교과이다. 따라서 고등학교 입시는 내신 절대평가가 적용되는 올해 중학교 1학년이 고교 입시를 치르는 2015학년도 입시부터, 대학교 입시는 현재 중학교 2학년이 입시를 치르는 2017학년도 입시부터 대폭 변화가 예상된다.

특목고 입시 변화를 예로 들어보자. 외국어고는 1단계에서 영어 내신 점수로만 평가를 하고, 전국단위 자율형사립고는 1단계 내신과 서류를 일괄 평가했다. 서울 지역의 자율형사립고는 내신 상위 50%가 지원자격 조건이었다.

그런데 내신 절대평가가 되면 석차백분율 계산방식이 무의미해지기 때문에 전형 조건이 달라져야 한다. 'A'라는 점수만으로는 학생의 우수성을 판별하기가 힘들어지기 때문이다. 따라서 내신 이외에 비교과 요소를 선발 기준으로 대폭 적용할 것이다. 즉 학교생활기록부와 에듀팟을 기초자료로 비교과 활동 내역을 내신과 함께 1단계에서 통합 반영하는 형식의 입시로 바뀔 것이다.

아직도 감이 안 잡힌다면, 현재의 초등학교 성적표를 생각해 보자. 대부분 과목별로 '매우 잘함 – 잘함 – 보통 – 노력 요함'(학교마다 표기의 차이가 있음) 등 4단계로 평가된다. 국제중 입시에서 내신이 반영되기는 하지만 결정적 자료가 아니라 참고자료 수준이다. 이와 같이 앞으로 중·고등학교 절대평가 세대는 내신이 참고자료 수준이 될 것이다. 내신과 더불어 2016학년 입시부터 수능의 영어를 대체할 NEAT(국가영어능력평가시험)도 A–B–C––F의 4단계 절대평가가 적용된다.

상대평가와 절대평가의 차이점은?

상대평가는 10여 년 가까이 운영되어 온 시험 평가방식이다. 성적을 총 9개 등급으로 나누어 평가를 하는데, 상위 4% 이내가 1등급, 11% 이내가 2등급 등으로 나누어지는 것이다. 등수를 한 개 한 개 쪼개어 평가하는 것보다는 등급의 단위로 묶어 평가하는 방식이기 때문에 보다 유연해진 제도라고 시작 시점에서는 환영을 하기도 했다.

그러나 진행 과정에서 문제점이 속속 드러났다. 예를 들어 영어 시험에서 90점은 1등급, 89점은 2등급이 되는 경우를 종종 보았을 것이다. 1점의 점수 차이가 실력 차이로 이어지는 것이 아님에도 불구하고, 입시를 기준으로 보면 1개의 등급 차이로 인해 외국어고를 가느냐 못 가느냐를 결정 짓기도 한다. 대학 입시도 마찬가지다. 수능 시험을 1개 더 맞느냐 못 맞느냐가 실력의 높고 낮음을 결정하는 결정적 잣대가 되긴 힘들 텐데, 이로 인해 선택할 수 있는 대학 자체가 달라져야 하는 변수를 초래한다.

이러한 상대평가의 비합리적 요소가 꽤 오랫동안 논의되어 왔다. 그러던 중 2~3년 전에 교과부에서 '절대평가' 도입을 심각하게 논의하기 시작했고, 마침내 2014학년에는 중학교 전 과정과 고등학교 1학년에 절대평가가 실시되고 2017학년도 대입부터 이 내용이 반영된다.

절대평가는 상대적 평가 방식이 아니기 때문에 해당 학생이 학업에서 일정 수준 성취도를 보이면 인원에 관계없이 점수를 준다. '1등급, 2등급……'이 아니라 'A-B-C-D-E-F'의 6단계 평가를 한다. 예를 들어 90점 이상을 A로 평가한다면 10명 중 9명이 90점일 경우 9명 모두 A를 받는다. 과거 '수우미양가' 체제와 비숫한데, 단 6단계 평가 외에 '원점수/평균점수/표준편차'를 함께 적어 문제의 난이도 등을 예상할 수 있게 한다.

그러나 각 학교마다 문제가 쉬웠는지, 아니면 문제가 어려웠는데 학생들의 실력이 좋아서 상위 평가를 받았는지는 정확히 가려내기가 어렵다(실제로 입시에서 내신의 표준점수는 거의 보지 않는다). 이러한 이유로 절대평가가 되면 내신의 변별력이 떨어질 것이라는 예상을 할 수 있다.

	현재	2012학년도 중1부터
성취도	절대평가식 ('수우미양가'로 표시)	절대평가식 ('ABCDEF'로 표시)
등수	표기함	표기하지 않음
원점수/평균/표준편차	표기하지 않음 과목 ······ 영어 성취도 ······ 수 석차/수강자수 ····· 30/286	표기함 과목 ······ 영어 성취도(수강자수) ····· A(286) 원점수/과목 ····· 95/78 평균(표준편차) ····· (12)

✔ 현재 외국어고 입시전형

1단계	영어 내신 성적(160점=중2~3학년 4개 학기 영어 환산점수의 합)+출결(감점) ▶ 정원의 1.5배수 선발
2단계	1단계 성적(160점)+면접(40점)

✔ 현재 용인외고 입시전형

1단계	중학교 내신 70점(국영수사과+수학+국영사과 중 선택 2)+서류평가 30점(학습계획서, 추천서, 학교생활기록부)
2단계	1단계 성적(160점)+면접(40점)

◉

'교과 + 비교과' 통합관리 시대　　현재 초·중·고 자녀를 키우는 부모들은 교과 성적 입시제도 세대이다. 본고사나 예비고사 혹은 학력고사 등 대학 입시 시험 성적과 학교 성적으로 능력이 평가되었다. 공부만 잘하면 모든 입시에서는 위너(winner)였다. 그러나 반대로 다른 부분에 자질이 돋보이는데도 공부를 못하면 꿈을 펼칠 수가 없었다. 공부를 못하는 아이는 바로 '루저(loser)'가 되어버리기 때문이다.

그러나 사회가 급속도로 변하면서 필요로 하는 인재상도 변했다. 공부로서 평가할 수 있는 영역은 극히 제한적이기 때문에 여기에 덧붙여 '창의성, 이타심, 자율성, 도전정신, 글로벌마인드' 등의 능력을 필요로 함은 시대적 합의이다. 이를 한마디로 표현하면 '글로벌 리더형 인재'가 적합할 것이다.

글로벌 리더의 적합성을 평가하는 데는 공부라는 잣대 외에 보다 다면적인 평가가 필요하다. 따라서 성적으로 서열화시키는 수동적이고 제한적인 입시제도는 당연히 변해야 마땅하다는 시대적 당위성에 직면하기에 이르렀다. 교육과학기술부를 비롯한 교육 당국은 새로운 입시제도의 전형으로 성적 외에 다면적인 능력을 평가하는 미국형 입학사정관제를 선택했다. 입학사정관제는 올해로 시행 6년차로 접어든다.

해방 이후부터 따지자면 구 입시제도는 70년 가까이 지속되어 왔다. 몇 세대를 거쳐 지속되어 온 입시제도로 인해 우리는 교과 성적에 대한 절대적 필요성이 뼛속까지 스며들어 있는 상태다. '대학이 인생을 결정짓는다.'라고 많은 사람들이 생각하는 교육풍토에서 하루아침에 손바닥 뒤집듯 입시제도가 바뀌기는 힘들다.

새로운 입시제도를 뒷받침해 줄 교육 인프라가 바뀌어야 하고, 국민들의 보수적인 교육 마인드도 바뀌어야 하므로 다소 시간이 걸릴 것이라 생각된다.

입학사정관제의 특성에 따라 이제는 교과 영역 외에 비교과 영역이 중요해지는 시대로 가고 있다. 정책적으로 2011학년부터 교과 영역이 본격 줄었으며 상대적으로 비교과를 평가할 수 있는 제반의 장치를 가동시키고 있다. 입시제도 변화의 과도기라고 볼 수 있는데, 이런 시점에서는 변화의 소리에 귀를 쫑긋 세우고 방향을 정확히 찾아 나가는 것이 무엇보다 중요하다.

◉

교과 영역의 축소＋물수능 어찌 보면 입시가 더 복잡해졌다고도 볼 수 있다. 성적만으로 평가한다면 초·중·고 12년 동안 쌓아온 학생의 능력을 서열화시키는 데 채 몇 분이 걸리지 않는다. 성적을 시스템에 넣고 가동시키면 1등부터 60만 등까지 줄을 세울 수 있다. 등수대로 잘라서 대학 순으로 배정하면 입시가 끝난다.

그러나 입학사정관제는 비교과라는 정성적 평가가 포함되기 때문에 시스템을 가동시킬 수가 없다. 개개인의 잠재적 능력을 평가할 때는 입학사정관들마다 평가가 다를 수도 있다. 결과물이 신통치 않더라도 과정 속에서의 잠재력이 돋보이면 점수를 높게 받을 수 있다. 개개인의 가정환경, 학교환경, 개인환경 등이 평가요소에 영향을 미치기 때문에 점수대로 줄을 세울 수가 없으므로 평가는 더욱 번거로워지고 복잡해질 수밖에 없다.

교과 영역이라고 하면 '학교 성적'과 '수학능력시험(이하 수능)'이 될 것이다. 2011학년부터 학교의 수업 시간과 과목이 줄어들었다. 중학교는 13개 과목에서 8개 과목으로 줄었으며 고등학교는 수업시수가 211시간에서 205

시간으로 줄어들었다. 대신 창의적체험활동시간은 이전의 재량활동 시간보다 늘어서 초·중은 주당 2시간에서 3시간으로, 고등은 주당 3시간에서 4시간으로 늘어났다. 즉 교과 공부는 축소하는 대신 비교과 영역을 확대하는 것이다.

수능은 점차 쉬워져 '대학입학자격고사'가 될 가능성이 높다. 2014학년 입시부터 수능 과목수가 최대 6개 과목 이하로 줄어들고 A급, B급 등 난이도별로 선택하여 볼 수 있게끔 바뀐다. 또한 수능의 난이도는 매년 낮아져 2011년 6월 평가원 모의고사는 언수외 만점자가 1만 2천 명 이상일 정도로 쉬웠다. 수능출제기관인 평가원 측은 앞으로도 수능은 EBS와의 연계성을 높이고, 쉽게 출제할 계획이라는 입장을 강조하고 있다.

종합 정리하면, 교과의 두 개 축인 내신과 수능은 변별력을 떨어트려 축소되고 반영 비중도 낮아질 전망이다. 교과 비중은 낮추는 대신 비교과 비중을 높이겠다는 새로운 입시제도의 인프라 구축의 일환이라고 보면 된다.

◉

비교과 관리와 평가를 위한 인프라 구축　　입학사정관제가 본격 시행된 지 6년 차에 접어들었다. 입학사정관제 선발 인원수는 매년 증가해 서울대와 연세대, 고려대 등 입학사정관제 선도 대학 30곳의 입학사정관 전형 선발 비율은 24.5%에 이른다. 서울대학교의 경우 2012학년 입시부터 수시 전체(선발 인원의 65%)를 입학사정관제로 선발했다. 서울대는 2013학년 입시에서 수시 선발을 80%까지 확대하기 때문에, 총 선발 인원의 80%를 입학사정관 전형으로 선발하는 셈이다.

입학사정관제의 필요성과 시대적 대의는 수긍하지만, 비교과를 통한 잠재적 능력 평가를 위한 신뢰할 만한 자료가 부족하다는 점으로 인해 각 대학에서 선뜻 새로운 제도를 적극 도입하기를 주저해 온 것이 사실이다. 그러나 입학사정관제를 대비해 비교과 인프라를 꾸준히 구축하기 시작해 현재 앞서거니 뒤서거니 비교과 관리가 시작되는 시점이다.

비교과 관리는 '창의적체험활동시스템'(이하 창체/에듀팟)과 학교생활기록부를 통해 이루어진다. 창체는 2011년부터 가동하기 시작해서 2013학년까지는 전 학년에 걸쳐 시행된다. 창체에 학생이 직접 비교과활동 관련 기록을 입력하고 담당교사는 이를 기초로 학교생활기록부에 입력한다. 창체에는 비교과활동의 상세 내용이 서술형으로 입력되고, 학교생활기록부에는 교과와 비교과를 총괄해서 일목요연하게 활동 이력만 기록한다(장소/일정/활동내용). 상급학교에서는 학교생활기록부와 창체로 교과와 비교과 전반을 확인한다.

창체에 입력하기 전 담당교사와 학교장의 승인을 받아야 하므로 학생의 개인적인 기록이 아닌 입증된 기록이기 때문에 학교생활기록부와 더불어 보다 신뢰감 있고 알찬 비교과 자료가 확보되는 셈이다. 따라서 이러한 인프라가 안정적으로 구축되면 향후 입학사정관제식 입시제도는 더 광범위하게 뿌리를 내릴 것이다.

비교과란 무엇인가

교과가 아닌 전 영역을 비교과라고 일컫는다. 교과는 국영수사과 등 학교에서 배우는 과목들을 통틀어 말하며, 중간고사와 기말고사 등 정기적인 시험과 수행평가, 수업태도 등이 반영되어 평가된다. 비교과 영역은 '출결상황, 특별활동, 재량활동, 진로활동, 동아리활동, 봉사활동, 독서활동, 방과후학교활동, 수상실적' 등으로 구분된다. 이는 학교생활기록부에서 교과 영역을 제외한 영역에 해당된다.

학교생활기록부는 이전이나 지금이나 비슷한 항목별로 작성되고 있는데, 그 안에 게재된 교과 영역(성적이 게재된)만 관심이 있었을 뿐 비교과 영역은 관심 밖이었다. 왜냐하면 교과 외에는 입시에 전혀 필요 없는 형식적인 영역이었기 때문이다. 예를 들어 봉사활동을 10시간 했다고 하면, 학교생활기록부에 해당 학년과 기간, 주관기관명과 장소, 활동내용 등이 한 줄로 간략히 처리될 뿐이었다. 따라서 교과 외에 기타 영역은 어떤 내용이 입력되어 있는지 크게 관심을 보이지 않았던 것이 사실이다.

그러나 입시제도가 바뀌면서 교과 영역 외에 비교과의 내용이 입시의 당락을 좌우할 만큼 중요해졌다. 따라서 비교과 개념 정리를 위해서는 자녀의 학교생활기록부를 검색해 보는 일부터 시작해야 한다.

학교생활기록부는 창의적체험활동시스템과 더불어 비교과의 좌청룡 우백호 식의 양 날개 중 하나이다. 학교생활기록부는 비교과 및 교과를 포함한 학생 개인 기록의 통합편이라고 볼 수 있으며, 창체는 이 중 비교과 영역만 확대 기록한 비교과 종합편이라고 볼 수 있다. 즉 상급학교의 입학사정관들은 교과와 비교과의 기록을 평가하기 위해 학교생활기록부와 창체를 중점적으로 분석한다.

비교과의 국가적 관리 시스템 '학교생활기록부' & '에듀팟'

◉

학교생활기록부　　학교생활기록부(이하 학생부)는 NEIS 시스템을 이용해 학부모가 필요할 때마다 열람 및 출력이 가능하다. 초등학교 때부터 학생부가 기록되어 왔지만, 딱히 입시가 걸려 있지 않다면 굳이 볼 필요가 없는 부분이었다. 그러나 이제 입시의 중요한 핵심으로 떠올랐기 때문에 초등학교 때부터 빠진 기록이 없는지 항목별로 꼼꼼히 살펴보는 것이 중요하다.

학생부의 수정보완은 가능하며, 단 해당 학년 기록은 다음 학년으로 넘어가기 전에 수정보완을 마쳐야 한다(즉 신학기가 시작되는 3월 이전, 2월 말까지). 학교생활기록부의 교과 및 비교과 내용은 교사가 창의적체험활동시스템의 내용을 참고로 입력한다.

1. 인적사항

학생과 가족의 이름, 성별, 학생 주민번호, 주소 등을 기록한다.

2. 학적사항

졸업, 편입, 전입 등의 기록으로 전학이 잦은 학생은 부모의 직업과 가정 환경의 기초자료가 될 수 있다. 특목고에서 일반고로, 해외 학교(국제학교 및 로컬스쿨 등)에서 국내 학교로의 전학 등 특이한 기록은 수긍할 만한 사유가 있는 것이 좋다. 이를 자기소개서와 학업계획서에 연관시킨다. 성적 미달, 부적응 등의 이유로 고교 시절에 전학한 기록은 주시할 만한 사항이다. 자칫 도피성이 강한 나약함, 진학을 위한 내신관리 전략 등 얄팍한 계산으로 비춰져 성실성을 의심받을 수도 있다.

3. 출결상황

학년 단위로 수업 일수와 결석, 지각, 조퇴 등을 기록한다. 맨 끝의 특기 사항에 '개근'이라고 적히는 것이 가장 좋다. 질병 및 기타에 속하는 이유가 있는 결석은 별 문제가 없지만 이유가 없는 무단결석 및 무단지각과 무단조퇴는 성실성을 의심받는 결정적인 자료가 되므로 주의한다. 체험, 가족여행, 연수 등을 이유로 결석했을 경우에는 '기타'에 그 사유가 기록되며, 특기 사항에 그 이유를 밝히면 괜찮다. 연간 체험시수로 7일을 활용할 수 있으므로 이 기간만 지키면 개인적인 체험활동 시간으로 활용 가능하다.

4. 수상경력

교내 상과 교외 상으로 분류해서 기록한다. 교내 상은 수여기관이 해당학교장인 모든 상이 입력된다. 교외 상은 교육과학기술부와 시도교육청이 주최 및 주관한 대회, 교내 선발을 거쳐 학교장 추천으로 참가한 대회의 수상실적에 한한다. 교육과학기술부와 시도교육청이 후원한 대회는 교육장과 교육감 또는 교육과학기술부장관을 포함한 정부부처 기관장 이상의 수상실적에 한한다.

단, 교과와 관련된 교외 수상경력은 입력이 안 된다. 효행상, 선행상, 모범상, 봉사상 등만 교외 상으로 입력이 가능하며(예를 들어, 강남교육청 모범학생 봉사부문 표창장, 강남교육청장 수여 / 리더십부문 표창장, 서초구청장 수여 등), 교과와 관련한 대회는 입력이 불가하다(예를 들어, 효행글짓기대회, 봉사 ucc대회 등).

교외 상에서 교과와 관련된 공인성이 인증된 수상실적(사교육 기관 등 영리 기관이 연계되지 않은 실적. 예를 들어, 대한민국 청소년영어경진대회 우수상, 보건복지가족부 서초구청장 수여)은 10번의 교과학습발달상황의 세부능력 및 특기사항 과목별 평가에 입력할 수 있다.

5. 자격증 및 인증취득

이 부분은 초등과 중등 학생부에서는 사교육 증가 등의 이유로 삭제되었다. 고등학교 학생부에는 여전히 있는데, 국가자격 및 국가인증 민간자격증만 입력이 가능하다. (교육과학기술부/한국직업능력개발원/한국산업인력공단 홈

한자 및 국어, 영어, 컴퓨터 등 생활기록부에 게재가 가능한 자격증과 인증점수가 따로 있기 때문에 이를 기준으로 입력 가능한 것만 골라서 입력한다. 단, 5번 항목에 올리지 못하는 각종 민간기관 등에서 취득한 자격증과 인증은 교과 세부능력 및 특기사항에 기록할 수 있다. 즉 국가인증 민간자격증에 속하는 국어능력인증시험 급수는 생활기록부 인증란에 올릴 수 있지만, 그 외에 TOEFL 등은 올릴 수 없다. 따라서 토플 점수는 10번 교과란의 세부 평가란에 올리는 식이다.

6. 진로희망

학년별로 특기와 흥미, 학생과 부모의 진로희망, 진로 관련 특기사항 등을 입력한다. 초등학교는 5, 6학년만, 중·고등학교는 학년별로 각각 3개년의 기록을 입력한다. 입력할 때 특기 또는 흥미란은 두루뭉술한 표현보다는 구체적이고 정확한 표현이 좋다. 예를 들어 축구를 좋아한다고 하면 '스포츠'라고 쓰지 않고 '축구'라고 쓴다. 또한 진로희망을 '과학자'라고 하기보다는 '나노기술자'처럼 구체적으로 직업을 명기하는 것이 좋다. 이전까지는 특기사항란이 있어서 담임교사 및 진로상담교사, 동아리 담당교사 등의 의견을 취합해 최대 500자까지 학생관찰 의견을 작성했는데, 창의적체험활동란이 강화되면서 없어졌다.

학년별로 꿈이 바뀔 수도 있고 다년간 지속적일 수도 있다. 또한 학생과 학부모의 진로희망 사항이 다를 수도 있고 동일할 수도 있다. 초등학교와 중학교 때는 꿈이 바뀌는 것이 자연스럽지만, 고등학교 때 학년 단위로 바뀌는 것은 진로적성 관련 의지가 약하다고 보여질 수 있다.

2011년부터 바뀐 학교생활기록부에서 새롭게 등장한 항목이다. 이전 학생부의 7~9번 항목에 해당되는 창의적재량활동 상황과 특별활동(자치, 적응, 행사, 계발, 봉사, 교외체험)을 통합한 항목이다.

창의적체험활동은 이들 영역을 자율활동, 진로활동, 동아리활동, 봉사활동 등 4개의 영역으로 묶어서 각 영역의 활동상황 및 특기사항에 대한 평가를 입력하도록 했다.

창의적체험활동의 개인활동은 반드시 사전에 담임 혹은 과목이나 동아리 담당교사를 통해 학교장으로부터 승인받는 절차를 거쳐야 창체에 입력이 가능하다. 사전계획서 및 사후 보고서 등의 절차를 거친 활동에 대해서만 인정을 받는 것이므로 아무런 통고도 없이 '나홀로 활동'에 임하면 입력이 불가능함을 사전에 염두에 두어야 한다.

중·고등학교의 방과후학교활동, 기초반과 심화반 이수, 고등학교 과정에서의 대학과목선수이수제 과정 이수 등의 학습 내용을 세부능력 및 특기사항에 충분히 피력할 수 있다. 중학교는 학년별 한글 2,500자 이내, 고등학교는 한글 5,000자 이내로 제한했다.

이전과 달라진 점은 지금까지는 자격증란과 교내외 수상실적 등에 게재하지 못했던 어학 인증점수 및 각종 학과 관련 경시대회 수상실적 등을 비교적 자유롭게 이곳에 피력할 수 있었는데, 최근 교과부에서는 이를 강력하게 규제하고 있다는 점이다. 교과부에서 제공하는 학교생활기록부 길라잡이에 따르면 "초·중·고등학교에서 공인어학시험(토플, 토익, 텝스 등) 성적, 각종 교내·외 인증 사항은 학교생활기록부 어떠한 항목에도 입력하지 않는다."고 명시되어 있다. 따라서 원칙적으로 한다면 교내에서 이루어진 교과 관련

활동(내신, 수업태도, 방과후학교활동 등)만 입력할 수 있다.

8. 교과학습발달

전 학년의 교과 성적표이다. 초등학교는 과목별 교사의 세부 평가만 서술 형태로 게재된다. 중학교는 각 과목의 석차, 성취도(수우미양가)가 표시되고 하단에 과목별 세부능력 및 특기사항이 서술형으로 기록된다(절대평가 세대 인 중1 이후는 A-B-C-D-E-F로 평가). 과목별 담당교사의 소견, 담임교사, 진 로담당교사 등이 각 과목에 대한 학생의 성과를 엿볼 수 있다.

대학 입시용으로 활용되는 고등학교 교과 성적표는 매우 섬세하게 게재된 다. 과목별 단위수/원점수/과목평균점수/표준편차/석차등급(1~9등급, 이수 자 대비)이 게재된다. 즉 1주일에 3시간 수업하는 영어 과목을 80점 받았다 고 하면 단위수 3/원점수 95점/과목평균점수 59점/표준편차 22/석차등급 2 등급(599명)으로 게재된다. 따라서 문제의 난이도와 학생의 실력을 보다 객 관적으로 평가할 수 있다.

성적 외에 교과학습발달란에서 주목해야 하는 부분이 '세부능력 및 특기 사항'이다. 수상기록에 여러 가지 절차로 올리지 못한 각종 수상실적 및 인 증점수, 체험기록 등을 담당교사에게 최대한 자료를 많이 주어 이곳에 기록 하도록 하는 것이 좋다. 방과후학교, 수준별 학습 등의 이력도 여기에 모두 게재할 수 있다.

생물학과 지망생이라면 방과후학교에서 '생물탐구반/실험반을 44시간 수 강' 등의 기록은 대입 관계자들에게 좋은 평가를 얻을 수 있다. 따라서 세부 평가란의 기록은 비교적 구체적이어야 한다. 수학 과목 평가에서 '도형의 분 석력이 뛰어나고 빠름', '침착하게 문제를 풀며 수학적 사고력이 뛰어남'이라고 적으면 마치 뜬구름 잡는 것 같은 평가여서 좋은 점수를 받을 수 없다. 대신 '방과후학교에서 수학심화반 30시간 수강해 1등급의 성적을 유지했으며, 교내 수학경시대회에 출전하여 우수상을 2회 수상했다. 1학기 동안 학급 수학부장을 맡아서 수학 실력이 떨어지는 학우를 지도해 5등급에서 3등급으로 올리는 데 결정적인 멘토 역할을 해주었다.'라고 구체적인 결과물 사례를 들어주는 것이 가장 효과적이다.

9. 독서활동

2010학년도 이후부터 전 학년에 걸쳐 생활기록부에 독서활동을 기록하게 되었다. 독서활동은 에듀팟의 '독서교육종합지원시스템'과 연계된다. 즉 학생이 에듀팟에 독서록을 기입하고, 담당교사는 이를 승인해 주고 학교생활기록부 독서활동란에 핵심을 정리해 기록한다.

각 과목과 연결시켜 리스트와 평가를 작성하고, 그 외에 구분이 모호한 책은 인문/사회/과학으로 나누어 기입한다. 동시통역사가 꿈이고 영문학과를 지망할 예정인 학생이라면, 영어 관련 책 읽기가 활발하게 이뤄진 기록이 좋을 것이다. 고고학자가 꿈이고 사학과에 지망할 예정인 학생이라면 역사 관련 독서 기록이 상대적으로 풍성하면 좋을 것이다.

그 외에 '초등학교 1학년부터 고3까지 작성한 독서록 2,000편이 넘는다, 독서 관련 대회에서 꾸준히 수상을 했다, 소설가가 꿈이어서 직접 집필한 소설이 4편 있다, 청소년문학상에 도전해 은상을 수상했다.' 등의 실적은 독서란에서 보여줄 수 있고, 이와 관련해 대학 측에서 증빙자료를 요구할 수 있으므로 구체적인 자료를 준비해 둔다.

학생 총평란이다. 각 항목에 게재된 것을 다 읽어보지 않더라도 이 항목만 읽으면 학생의 많은 것을 포착할 수 있다. '시험 준비 기간 때 교실이 소란스러워 늘 MP3를 귀에 꽂고 쉬는 시간에도 열심히 공부했으며, 성적 상승을 위해 시간관리와 자기관리를 하는 모습이 너무도 성실해 교사가 봐도 배울 점이 많은 학생이었음. 특히 수학 성적을 올리기 위해 매일 30문제 풀기를 1학기 동안 실천하여 마침내 목표점수인 90점 이상 받았고, 문제풀이 노트를 20여 권 넘게 작성했음을 확인했음.' 자기관리와 자기주도능력이 뛰어난 학생 관련 기록은 이런 식으로 구체적으로 할 수 있는데, 이러한 평가는 읽는 이를 감동시키므로 교사의 추천서 역할도 한다.

그러나 좋은 평가만 들어가면 오히려 역효과가 나올 수도 있다. '이렇게 자기관리를 했는데, 영어는 생각만큼 목표점수(목표 1등급/현재 2등급)가 나오질 않았다. 집안 형편이 너무 어려워 영어 사교육은 한 번도 받아본 적이 없었던 것도 실력이 처지는 중요한 이유가 될 수 있다고 판단된다. 하지만 진학 이후 영어 말하기와 쓰기만 지속적으로 보충한다면 일정 수준 이상의 실력을 향상시킬 수 있다고 믿어 의심치 않음.' 정도로 학생의 부족한 점을 솔직하게 표기하는 것이 오히려 더 효과적일 수 있다.

〈학교생활기록부〉

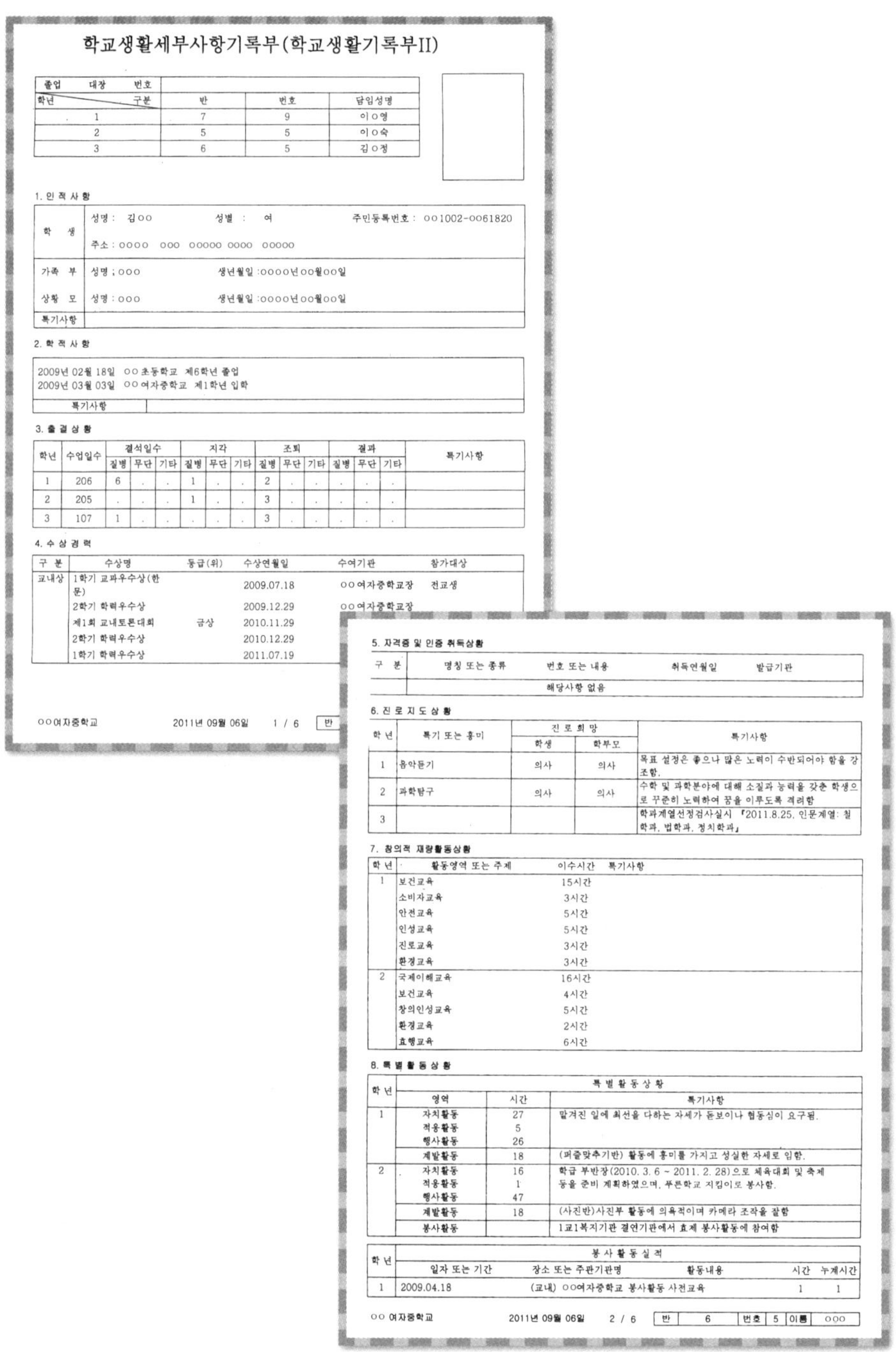

학교생활세부사항기록부(학교생활기록부II)

졸업 대장 번호				
학년	구분	반	번호	담임성명
1		7	9	이○영
2		5	5	이○숙
3		6	5	김○정

1. 인적사항

학생	성명: 김○○　　성별 : 여　　　　주민등록번호 : ○○1002-○○61820
	주소 : ○○○○　○○○　○○○○○　○○○○　○○○○○
가족 부	성명 ; ○○○　　　생년월일 :○○○○년○○월○○일
상황 모	성명 :○○○　　　생년월일 :○○○○년○○월○○일
특기사항	

2. 학적사항

2009년 02월 18일　○○초등학교 제6학년 졸업
2009년 03월 03일　○○여자중학교 제1학년 입학

특기사항	

3. 출결상황

학년	수업일수	결석일수			지각			조퇴			결과			특기사항
		질병	무단	기타	질병	무단	기타	질병	무단	기타	질병	무단	기타	
1	206	6	.	.	1	.	.	2	.	.	.	.	.	
2	205	.	.	.	1	.	.	3	.	.	.	.	.	
3	107	1	.	.	.	.	.	3	.	.	.	.	.	

4. 수상경력

구분	수상명	등급(위)	수상연월일	수여기관	참가대상
교내상	1학기 교과우수상(한문)		2009.07.18	○○여자중학교장	전교생
	2학기 학력우수상		2009.12.29	○○여자중학교장	
	제1회 교내토론대회	금상	2010.11.29		
	2학기 학력우수상		2010.12.29		
	1학기 학력우수상		2011.07.19		

○○여자중학교　　　　2011년 09월 06일　　1 / 6　　반

5. 자격증 및 인증 취득상황

구분	명칭 또는 종류	번호 또는 내용	취득연월일	발급기관
	해당사항 없음			

6. 진로지도상황

학년	특기 또는 흥미	진로희망		특기사항
		학생	학부모	
1	음악듣기	의사	의사	목표 설정은 좋으나 많은 노력이 수반되어야 함을 강조함.
2	과학탐구	의사	의사	수학 및 과학분야에 대해 소질과 능력을 갖춘 학생으로 꾸준히 노력하여 꿈을 이루도록 격려함.
3				학과계열선정검사실시 『2011.8.25. 인문계열: 철학과, 법학과, 정치학과』

7. 창의적 재량활동상황

학년	활동영역 또는 주제	이수시간	특기사항
1	보건교육	15시간	
	소비자교육	3시간	
	안전교육	5시간	
	인성교육	5시간	
	진로교육	3시간	
	환경교육	3시간	
2	국제이해교육	16시간	
	보건교육	4시간	
	창의인성교육	5시간	
	환경교육	2시간	
	효행교육	6시간	

8. 특별활동상황

학년	특별활동상황		
	영역	시간	특기사항
1	자치활동	27	맡겨진 일에 최선을 다하는 자세가 돋보이나 협동심이 요구됨.
	적응활동	5	
	행사활동	26	
	계발활동	18	(퍼즐맞추기반) 활동에 흥미를 가지고 성실한 자세로 임함.
2	자치활동	16	학급 부반장(2010. 3. 6 ~ 2011. 2. 28)으로 체육대회 및 축제 등을 준비 계획하였으며, 푸른학교 지킴이로 봉사함.
	적응활동	1	
	행사활동	47	
	계발활동	18	(사진반)사진부 활동에 의욕적이며 카메라 조작을 잘함
	봉사활동		1교1복지기관 결연기관에서 효제 봉사활동에 참여함

학년	봉사활동실적				
	일자 또는 기간	장소 또는 주관기관명	활동내용	시간	누계시간
1	2009.04.18	(교내) ○○여자중학교 봉사활동 사전교육		1	1

○○ 여자중학교　　　　2011년 09월 06일　　2 / 6　　반 6　번호 5　이름 ○○○

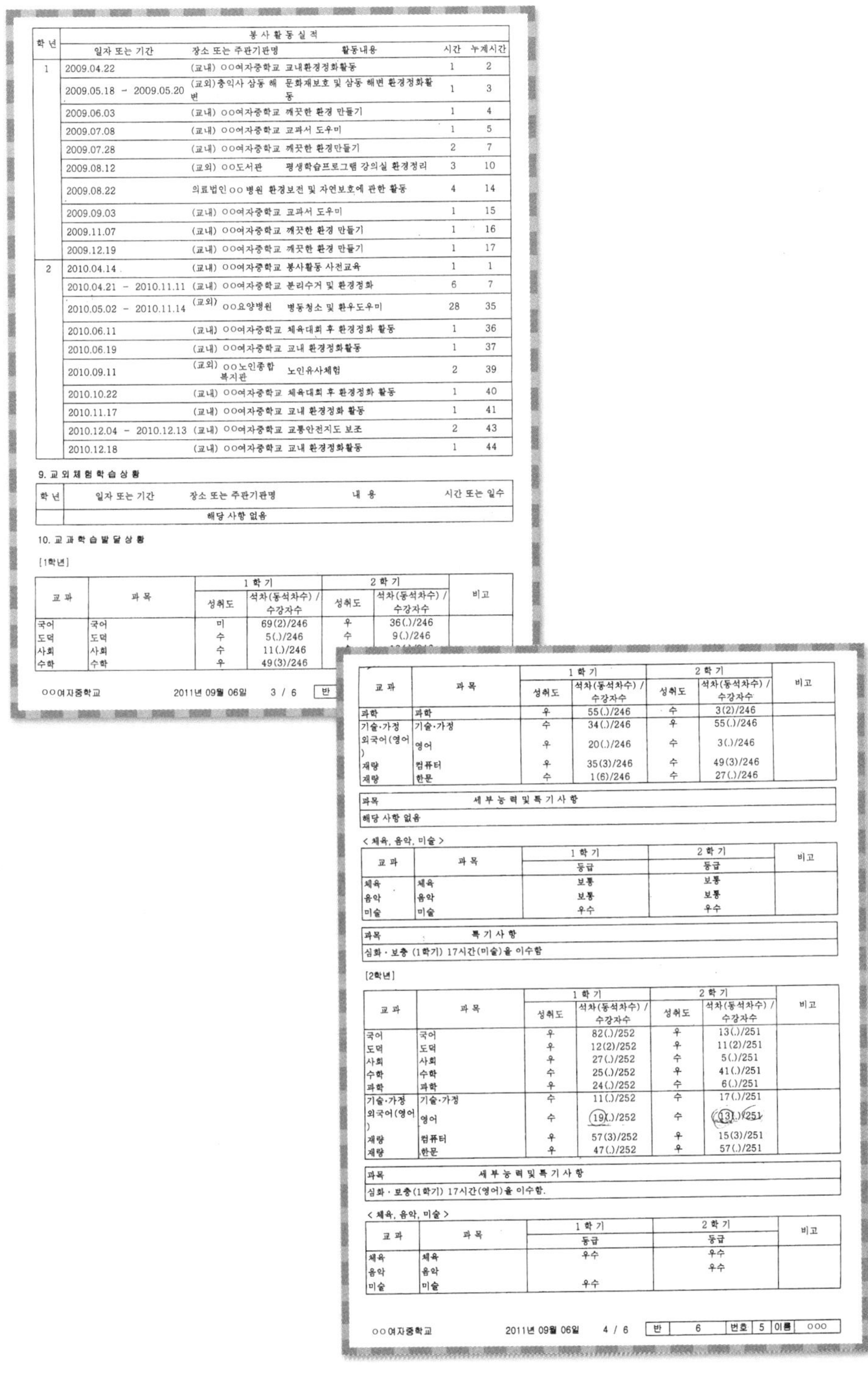

학 년	봉사활동실적				
	일자 또는 기간	장소 또는 주관기관명	활동내용	시간	누계시간
1	2009.04.22	(교내) ○○여자중학교 교내환경정화활동		1	2
	2009.05.18 ~ 2009.05.20	(교외)충익사 삼동 해변	문화재보호 및 삼동 해변 환경정화활동	1	3
	2009.06.03	(교내) ○○여자중학교 깨끗한 환경 만들기		1	4
	2009.07.08	(교내) ○○여자중학교 교과서 도우미		1	5
	2009.07.28	(교내) ○○여자중학교 깨끗한 환경만들기		2	7
	2009.08.12	(교외) ○○도서관	평생학습프로그램 강의실 환경정리	3	10
	2009.08.22	의료법인 ○○ 병원 환경보전 및 자연보호에 관한 활동		4	14
	2009.09.03	(교내) ○○여자중학교 교과서 도우미		1	15
	2009.11.07	(교내) ○○여자중학교 깨끗한 환경 만들기		1	16
	2009.12.19	(교내) ○○여자중학교 깨끗한 환경 만들기		1	17
2	2010.04.14	(교내) ○○여자중학교 봉사활동 사전교육		1	1
	2010.04.21 ~ 2010.11.11	(교내) ○○여자중학교 분리수거 및 환경정화		6	7
	2010.05.02 ~ 2010.11.14	(교외) ○○요양병원	병동청소 및 환우도우미	28	35
	2010.06.11	(교내) ○○여자중학교 체육대회 후 환경정화 활동		1	36
	2010.06.19	(교내) ○○여자중학교 교내 환경정화활동		1	37
	2010.09.11	(교외) ○○노인종합복지관	노인유사체험	2	39
	2010.10.22	(교내) ○○여자중학교 체육대회 후 환경정화 활동		1	40
	2010.11.17	(교내) ○○여자중학교 교내 환경정화 활동		1	41
	2010.12.04 ~ 2010.12.13	(교내) ○○여자중학교 교통안전지도 보조		2	43
	2010.12.18	(교내) ○○여자중학교 교내 환경정화활동		1	44

9. 교외체험학습상황

학 년	일자 또는 기간	장소 또는 주관기관명	내 용	시간 또는 일수
		해당 사항 없음		

10. 교과학습발달상황

[1학년]

교 과	과 목	1 학 기		2 학 기		비고
		성취도	석차(동석차수) / 수강자수	성취도	석차(동석차수) / 수강자수	
국어	국어	미	69(2)/246	우	36(.)/246	
도덕	도덕	수	5(.)/246	수	9(.)/246	
사회	사회	수	11(.)/246			
수학	수학	우	49(3)/246			
과학	과학	우	55(.)/246	수	3(2)/246	
기술·가정	기술·가정	수	34(.)/246	우	55(.)/246	
외국어(영어)	영어	우	20(.)/246	수	3(.)/246	
재량	컴퓨터	우	35(3)/246	수	49(3)/246	
재량	한문	수	1(6)/246	수	27(.)/246	

과목	세부능력및특기사항
해당 사항 없음	

< 체육, 음악, 미술 >

교 과	과 목	1 학 기	2 학 기	비고
		등급	등급	
체육	체육	보통	보통	
음악	음악	보통	보통	
미술	미술	우수	우수	

과목	특기사항
심화·보충 (1학기) 17시간(미술)을 이수함	

[2학년]

교 과	과 목	1 학 기		2 학 기		비고
		성취도	석차(동석차수) / 수강자수	성취도	석차(동석차수) / 수강자수	
국어	국어	우	82(.)/252	우	13(.)/251	
도덕	도덕	우	12(2)/252	우	11(2)/251	
사회	사회	우	27(.)/252	수	5(.)/251	
수학	수학	수	25(.)/252	우	41(.)/251	
과학	과학	우	24(.)/252	수	6(.)/251	
기술·가정	기술·가정	수	11(.)/252	수	17(.)/251	
외국어(영어)	영어	수	19(.)/252	수	13(.)/251	
재량	컴퓨터	우	57(3)/252	우	15(3)/251	
재량	한문	우	47(.)/252	우	57(.)/251	

과목	세부능력및특기사항
심화·보충(1학기) 17시간(영어)을 이수함.	

< 체육, 음악, 미술 >

교 과	과 목	1 학 기	2 학 기	비고
		등급	등급	
체육	체육	우수	우수	
음악	음악		우수	
미술	미술	우수		

○○여자중학교　　2011년 09월 06일　　3 / 6　　반

○○여자중학교　　2011년 09월 06일　　4 / 6　　반 6　번호 5　이름 ○○○

과목	특 기 사 항
심화·보충(2학기) 17시간(미술)을 이수함.	

[3학년]

교과	과목	1 학 기		2 학 기		비고
		성취도	석차(동석차수) / 수강자수	성취도	석차(동석차수) / 수강자수	
국어	국어	미	11 (.)/250			
도덕	도덕	수	45 (.)/250			
사회	사회	수	1 (7)/250			
수학	수학	수	16 (.)/250			
과학	과학	수	8 (2)/250			
기술·가정	기술·가정	수	18 (.)/250			
외국어(영어)	영어	수	1 (2)/250			
재량	한문	수	27 (.)/250			

과목	세 부 능 력 및 특 기 사 항
해당 사항 없음	

< 체육, 음악, 미술 >

교과	과목	1 학 기	2 학 기	비고
		등급	등급	
체육	체육	우수		
음악	음악	우수		
미술	미술	우수		

과목	특 기 사 항
심화·보충(1학기) 18시간(음악)을 이수함.	

11. 독서활동상황

학년	과목 또는 영역	독서활동 상황
2	인문	(1학기)'바보처럼 공부하고 천재처럼 꿈꿔라(신용진)'를 읽고, 부모님의 뒷바라지가 부족함을 원망해 온 어리석음을 깨닫게 되었으며, "언제든지 늦지않았다"는 말을 마음에 새겨 열심히하려는 결심을 하게 됨. (2학기)'28글자로 이루어낸 문자혁명, 훈민정음(김슬옹)' 나는 이책을 읽고 평소 훈민정음에 관한 오해 들을 밝히게 된 계기가 되었다. 평소 우리 한글이 훌륭한 것이라는 것은 알고는 있었지만 우리 한글보다도 외래어나 한자어를 더 많이 사용하던 나에게 이책은 우리 한글을 사랑하자 라는 느낌과 훈민정음의 위대함을 알게 되었다. 앞으로 우리 글을 사랑하고 우리글을 널리 알릴 수 있도록 우리 글을 많이 사용하고 알아야겠다.
	사회	(1학기)'마시멜로 이야기(엘런싱어)'를 읽고 많은 사람의 성공사를 알게되었으며 30초 규칙의 교훈을 얻어 한순간의 즐거움에 빠져 시간을 낭비한 자신에게 반성의 기회를 갖게 됨. (2학기)'여자라면 힐러리 처럼(이지성)' 나는 힐러리를 여자로서 존경한다. 힐러리가 여자이지만 항상 높은 목표를 가지고 그 목표를 위해 열심히 노력하고 실천하는 여자라서 더욱 존경스럽다. 솔직히 이책은 나에게 채찍질과 격려를 주는 것 같다. 나는 조금 인내심이 부족

학년	과목 또는 영역	독서활동 상황
2	사회	한 면이 항상 단점이 되어왔다. 하지만 이책을 읽고 나는 왜 한결같지 않을까? 라는 의문을 가지게 해준 책이다. 나도 힐러리 처럼 리더로서 성공하는 여자가 되어야겠다.
	과학	(1학기)'정재승의 과학 콘서트(정재승)'를 읽고 아인슈타인의 뇌에 관한 이야기와 흉부외과 의사의 꿈을 가진 자신에게 심장에 관한 이야기는 더욱 흥미를 높여줌. (2학기)'물리학자는 영화에서 과학을 본다(정재승)' 이책은 평소에 영화를 좋아하는 나에게 영화에서 과학을 본다는 것이 나를 변화주게 했다. 평상시 영화를 보면 영화의 줄거리, 배우의 연기력, 배우의 새임새만 봐왔던 나에게 영화에서 과학을 본다는 신선한 충격을 주었고 과학을 평소 좋아하던 나에게 생활속에서도 과학을 볼 수 있고, 과학자들은 우리가 상상하던 이상으로 창의적이고 재미있는 생각이나 연구를 많이 한다고 느꼈다. 나도 영화를 볼때나 평상시에도 과학적이고 창의적인 생각을 할 수 있도록 노력해야겠다.
	예술·체육	(1학기)'멈추지 않는 도전(박지성)'을 읽고 박지성은 외면받던 시기에도 포기하지않고 묵묵히 최선을 다하는 것에 교훈을 얻어 작은 것이라도 꾸준히 실천해 보자는 결심을 하게되었고 인내심의 가치를 깨닫게 되었음. (2학기)'오페라에 빠지다(허명한)' 나는 평소 오페라나 서양음악하면 거리감이 있었다.하지만 이책은 평소 음악에 관심이 없던 나에게 처음으로 오페라에 대한 흥미를 가지게 해 준 도서이다 나에게 오페라에 대한 많은 지식과 오페라의 즐거움에 대하여 알게 해줬고 오페라에 대해 조금은 다가 설 수 있게 해준 책이었다.

12. 행동특성 및 종합의견

학년	행동 특성 및 종합의견
1	두뇌가 명석하고 사고력이 풍부하며 학업 성적 우수함.
2	영웅심이 강하며 자신감에 넘치는 활달하고 의욕적인 성격으로 학업에 대한 성취욕구가 높아 성적이 우수한 학생이나 배려심 및 정해진 규칙 과 시간을 지키는 태도가 요구됨
3	

영역	세부항목	최대 글자수 (한글 기준)	비고
1. 인적사항	학생 성명	25자	
	학부모 성명	15자	
	주소	500자	
	특기사항	500자	
2. 학적사항	특기사항	500자	
3. 출결사항	특기사항	500자	
4. 수상경력	수상명	100자	
5. 자격증 및 인증취득상황	명칭 또는 종류	100자	2010학년도 이후는 고등학교만 해당
6. 진로희망상황	특기사항	500자	
7. 창의적재량활동	특기사항	1,500자	
8. 특별활동상황	자치 · 적응 · 행사활동 특기사항	2,000자	통합 입력
	계발활동 특기사항	2,000자	
	봉사활동 특기사항	2,000자	
	봉사활동실적 활동내용	250자	
9. 교외체험학습상황	내용	250자	
10. 교과학습발달상황	일반과목 세부능력 및 특기사항 + 개인별 세부능력 및 특기사항	5,000자	중학교(2,500자)
	예체능과목 특기사항 + 개인별 특기사항	5,000자	중학교(2,500자)
11. 독서활동상황	독서활동상황	2,500자	
12. 행동특성 및 종합의견	행동특성 및 종합의견	1,500자	
13. 학년이력	전공 · 과정 비고	250자	고등학교
14. 창의적 체험활동상황	자율활동 특기사항	2,000자	
	동아리활동 특기사항	2,000자	
	봉사활동 특기사항	2,000자	
	진로활동 특기사항	2,000자	
	봉사활동실적 활동내용	250자	

학교생활기록부 비교과 영역이 확 바뀌었다!

'입학사정관제'가 새로운 입시제도의 핵심으로 떠오르면서 생활기록부의 비교과 영역이 중요해졌다. 올해부터 '창의적체험활동시스템'의 기록이 본격화되어 비교과 관리가 체계적으로 이루어지는데, 생활기록부의 비교과 영역도 그에 맞춰 적지 않은 부분이 변했다. 입시에서 생활기록부의 중요성이 높기 때문에 교과와 비교과가 어떻게 작성되는지에 대해 정확하게 알아두는 것이 비교과 관리의 첫걸음이다.

☑ 학교생활기록부 비교과 영역 변화 핵심 포인트

2010년	2011년 이후
〈수상경력〉	〈수상경력〉
교내 상과 교외 상으로 나누어 입력. 교외 상은 교육과학기술부와 시·도(지역)교육청이 주최 및 주관, 정부부처 기관장 이상의 수상실적에 한함. 국어·영어·수학 등 교과와 관련된 교외 수상실적은 입력하지 않는다. 표창장(선행, 모범, 효행 등)은 입력 가능한데, 교과 관련(효행글짓기 대회 등) 상은 제외. 수상실적에 올리지 못한 교외 상의 경우 교과학습발달상황에 올릴 수 있었음.	초·중·고등학교 모두 '수상경력'란에 교내 상만 입력하고 교외 상은 입력하지 않는다. 모든 교외 상은 생활기록부 어떠한 항목에도 입력하지 않는다. (진로지도상황, 창의적체험활동상황, 특별활동상황, 교외체험학습상황, 교과학습발달상황의 '세부능력 및 특기사항', 행동특성 및 종합의견 등)
〈자격증 및 인증취득〉	〈자격증 및 인증취득〉
초·중학교 학교생활기록부의 '자격증 및 인증취득상황'란은 2010학년도 이후부터는 더 이상 입력하지 않는다. 다만, 고등학교 생활기록부에는 종전과 같이 입력한다.	초·중학교는 여전히 아무것도 입력할 수 없다. 고등학교도 제한이 늘어나 2011학년도 이후부터는 고교 재학 중 취득한 국가기술자격법에 의한 국가기술자격증, 개별 법령에 의한 국가자격증, 자격기본법에 의한 국가공인을 받은 민간자격증 중 기술 관련 자격증에 한하여 입력 가능. 즉 한자공인시험, 영어인증시험, 한국사능력시험 등은 기술 관련이 아니므로 입력 불가능.

2010년	2011년 이후
〈창의적재량활동〉 〈특별활동〉 〈교외체험학습〉	좌측의 세 가지 항목을 '창의적체험활동'(이하 창체) 항목으로 통합 • 창체는 '자율활동, 동아리활동, 봉사활동, 진로활동'으로 나눔. 4가지 영역별 이수 시간 및 특기사항(참여도, 활동의욕, 태도의 변화 등)을 입력하되, 초등학교는 4가지 영역을 통합하여 특기사항을 종합적으로 기록한다. • 중·고등학교에서는 에듀팟에 학생이 교내외 활동 후 직접 4가지 영역을 입력하고 이를 기초로 담당교사는 학교생활기록부에 구체적이고 상세하게 입력한다.

변화된 학교생활기록부 비교과 포인트

• **공인어학시험은?**   토플, 토익, 텝스 등의 인증점수, 사교육 의존 가능성이 높은 체험활동, 각종 교과 관련 인증(한국사, 국어……) 및 자격증(고등학교의 기술 관련 자격증 제외), 교외수상경력 등은 생활기록부 어느 부분에도 기록할 수 없다. 자신의 진로와 관련해 실력 향상을 위해 인증점수 및 자격증을 취득했다면 자기소개서 및 학업계획서에 활용할 수 있다.

• **개인적인 활동은?**   학교장이 추천하여 참여한 체험활동, 학교장이 허가한 개인 계획에 의한 활동, 담당교사가 학교장의 승인 후 활동한 학급·동아리 단위의 창의적체험활동은 기록할 수 있다. 즉 학교장 추천 혹은 사전 승인 없이 개인적으로 활동한 내용은 기록할 수 없으므로 사전에 반드시 담당교사를 통해 학교장 승인 과정을 거친 후 활동에 참여한다.

> **• 봉사활동 인정 시간은?** 이전까지는 시간 제한이 없었지만 1일 8시간 이내로 제한하여 인정한다. 특히 해외봉사활동 실적은 어떠한 과정을 막론하고 학교생활기록부나 에듀팟 어디에도 입력할 수 없다.

창의적체험활동시스템

2011년부터 교육과학기술부가 만든 '창의적체험활동시스템'(이하 창체)이 중·고생들을 대상으로 본격 가동되었다. 이는 입학사정관제의 성공적인 안착을 위해 개발한 '국가적 포트폴리오 관리 시스템'이다. 원래는 초등학교 1학년부터 고등학교 3학년까지 전 학년에 걸쳐 시행하려 했으나 2011년에 중·고등학교 과정부터 오픈되었다.

창체는 작년부터 초등1, 2학년, 중등 1학년, 고등 1학년에 적용되며, 그 외의 학년은 과거 시스템인 '창의적재량활동'으로 시행되고 있다. 창체는 2013년까지 전 학년에 걸쳐 적용될 예정이다.

✔ 창의적체험활동의 각 영역별 세부활동 내용

영역		세부활동 내용
자율활동	적응활동	입학, 진급, 전학, 기본생활습관 형성, 축하, 친목, 사제동행, 학습, 건강, 성격, 교우 등의 상담활동 등
	자치활동	학급회, 학생회 협의활동, 모의 의회, 토론회 등
	행사활동	시업식, 입학식, 졸업식, 종업식, 전시회, 발표회, 학예회, 경연대회, 학생건강체력평가, 체육대회, 수련활동, 현장학습, 수학여행, 문화답사, 국토순례 등
	창의적특색활동	학생 · 학급 · 학년 · 학교 · 지역특색활동, 학교전통수립 · 계승활동 등

영역		세부활동 내용
동아리활동	학술활동	외국어회화, 과학탐구, 사회조사, 컴퓨터, 인터넷, 신문 활용, 발명, 다문화탐구 등
	문화예술활동	문예, 창작, 회화, 조각, 서예, 전통예술, 현대예술, 성악, 기악, 뮤지컬, 오페라, 연극, 영화, 방송 등
	스포츠활동	구기, 육상, 수영, 체조, 배드민턴, 인라인스케이트, 하이킹, 야영, 민속놀이, 씨름, 태권도, 택견, 무술 등
	실습노작활동	요리, 수예, 꽃꽂이, 조경, 사육, 재배, 설계, 목공, 로봇 제작 등
	청소년단체활동	스카우트연맹, 걸스카우트연맹, 청소년연맹, 청소년적십자, 우주소년단, 해양소년단 등
봉사활동	교내봉사활동	학습부진 친구, 장애인, 병약자, 다문화가정 학생 돕기 등
	지역사회봉사활동	복지시설, 공공시설, 병원, 농·어촌 등에서의 일손 돕기, 불우이웃돕기, 고아원, 양로원, 군부대에서의 위문활동, 재해구호, 국제협력과 난민구호 등
	자연환경보호활동	깨끗한 환경 만들기, 자연보호, 식목활동, 저탄소생활 습관화, 공공시설물, 문화재 보호 등
	캠페인활동	공공질서, 교통안전, 학교 주변 정화, 환경보전, 헌혈, 각종 편견극복 등
진로활동	자기이해활동	자기이해 및 심성계발, 자기정체성 탐구, 가치관 확립 활동, 각종 진로검사 등
	진로정보탐색활동	학업정보탐색, 입시정보탐색, 학교정보탐색, 학교방문, 직업정보탐색, 자격 및 면허제도 탐색, 직장방문, 직업훈련, 취업 등
	진로계획활동	학업 및 직업에 대한 진로설계, 진로지도 및 상담활동 등
	진로체험활동	학업 및 직업 세계의 이해, 직업체험활동 등

*자료출처 : 교육과학기술부, 〈2011년 학교생활기록부 기재 길라잡이〉

'창체'는 온라인 비교과 기록부이다. 현재 생활기록부는 'NEIS'(교육행정정보시스템)에서 관리하며, 담임교사가 직접 입력하게끔 되어 있다. 생활기록부는 크게 교과 영역과 비교과 영역으로 나뉜다. 교과 영역에는 과목별 성적과 담당교사의 세부 평가가 기록된다. 교과 외에 나머지 부분은 인적사항, 학적사항, 출결상황, 수상경력, 진로지도상황, 창의적재량활동, 특별활동, 봉사활동, 교외체험 등으로 구성되어 있다. 지금까지는 입시에 필요한 부분은 교과뿐이었다. 그러나 입학사정관제로 입시가 바뀌면서 비교과 영역이 교과만큼 중요해졌다.

생활기록부의 비교과 영역인 '진로/창의적재량활동/특별활동/봉사활동/교외체험'을 통합해서 만든 것이 '창의적체험활동시스템'이다.

'창체'는 '자율활동/동아리활동/봉사활동/진로활동'의 네 가지 영역으로 나누었고, 여기에 독서활동과 자기소개서, 방과후학교활동 등 기존에 학교생활기록부에 없었던 세 가지 영역을 추가해서 구성했다. 기존의 생활기록부는 교사가 입력했다면, 창체는 학생이 직접 활동 후 개인 페이지에 들어가 내용을 입력하고 관리한다는 차이점이 있다.

지금까지는 국영수사과 등 내신과 입시에 필요한 교과 성적에만 신경을 썼는데, 여기에 덧붙여 비교과의 방대한 영역까지 활동 후 글과 사진 등을 직접 입력하며 관리해야 한다고 하니 부담을 느끼는 학생과 학부모들이 적지 않다.

• '창체'를 위해 '창의적체험활동' 수업 신설

2009년 교육개정안이 2011학년 신학기부터 초등1, 2학년, 중등 1학년,

고등 1학년에 걸쳐 시행되었는데, '창체' 수업 신설도 개정안 중 하나이다.

초·중등은 창체 수업이 주당 3시간, 고등은 주당 4시간에 이른다. 이는 국영수 등 주요 과목과 맞먹는 수업시간이며 전체 연간 수업시수의 9%(중학교의 경우 창의적체험활동에 배정한 시간은 3년간 306시간으로 전체 수업시수 3,366시간의 9%를 차지, 이는 시간상 체육이나 예술보다 비중이 크고 영어(340시간)와 비슷)에 달할 정도로 비중이 크다. 즉 국가적으로 '과목수와 수업시수 축소' 등으로 교과 영역을 줄이는 대신, 그 시간을 비교과활동 시간으로 채우는 셈이다.

입학사정관제를 전격 시행하면서도 각 상급학교에서 가장 애를 먹었던 부분이 비교과 영역의 신뢰성과 지속성 등이었다. 새로운 입시제도가 도입되었지만, 학교 현장은 수십 년 동안 지속되어 온 교과 성적 중심의 커리큘럼으로 움직여왔던 터라 내신과 수능을 준비하면서 동시에 포트폴리오까지 챙기기가 쉽지 않다.

포트폴리오는 학교에서 따로 준비하기가 힘들기 때문에 학생들은 대부분 개인적으로 만들어야 했다. 교내가 아닌 교외 중심의 개인적 봉사활동 및 체험활동, 수상실적 등이 대부분이었으며, 이 부분에 대한 진위를 딱히 검증할 길도 없었던 것이 사실이다. 또한 최근 일부 고등학교에서 대학 진학 실적을 높이기 위해 학생들의 생활기록부를 조작했다는 사실이 밝혀져 사회적으로 논란이 되기도 했다. 비교과를 위한 또 다른 사교육 유발을 염려하는 소리도 컸다.

이런 상황에서 창체를 위한 시간을 따로 만들어 비교과를 실행하고 관리할 수 있는 기회를 마련해 주는 것은 새로운 입시체제에 부합하는 바람직한 정책이라고 볼 수 있다.

• '창체', 어떻게 관리할까?

창체는 학생이 직접 회원가입을 한 후 교사의 승인을 받고 나면 활동을 시작할 수 있다. 학부모는 자녀가 회원가입을 한 후에라야 가입이 가능하고 역시 교사의 승인을 받아야 한다. 학부모는 살펴볼 수만 있을 뿐 직접 입력할 수는 없다.

창체의 '진로활동' 영역의 예를 들어보자.

'로봇 전문가'가 꿈인 A군은 K대학에서 주최하는 '로봇축구대회'를 관람했다. A군은 대회 현장에서 사진을 찍었고, 관련 안내문을 자료로 가져왔다. 그리고 대회를 관람한 후 자신의 소감을 800자 정도로 정리했다. 이것을 창체의 '진로활동 중 체험활동' 영역에 옮겨 적을 수 있는데, 일단 담당교사(담임 혹은 학교 로봇 관련 동아리 담당교사)에게 자료를 보여주고 입력해도 좋다는 승인을 받아야 한다.

담당교사는 학교장 승인을 거치게 되는데, 이러한 일련의 과정을 거쳐 최종 승인이 나면 학생은 자신의 페이지에 입력을 한다(이 과정은 먼저 입력을 한 후 담당교사의 승인을 받을 수도 있다). 학생이 자유롭게 작성한다고 해서 무조건 기록이 가능한 것은 아니다. 내용의 수정 보완은 담당교사(담임교사 혹은 과목이나 활동 담당교사) 승인 하에 해당 학년 이내에만 가능하다.

자신의 진로와 꿈에 적합한 활동을 선택해서 집중하는 것이 좋으며, 각종 활동은 학교 프로그램을 중심으로 진행하되, 더 많은 활동으로 연결시키고 싶으면 학교장 승인을 거쳐 개인활동에 참여한다.

창의적체험활동 정보를 얻을 수 있는 곳! '창의인성교육넷'

다양한 창체활동을 위해 교육과학기술부에서 개설한 '창의인성교육넷'(www.crezone.net)을 활용할 수 있다. 학년별, 과목별, 지역별, 영역별로 나누어 다양한 활동 정보가 수록되어 있다.

이용 방법은 접속—상단 배너 중 창의적체험활동 클릭—대상(유치원/초등학교/중학교/고등학교 중 선택)—영역(자율/동아리/봉사/진로 중 선택)—활동(교내/교외 중 선택)—지역과 분야 및 주제 선택—검색 등의 순으로 활용한다. 예를 들어 대구시 달서구에 사는 초등학생이 과학기술 관련 영역의 체험활동을 찾는다고 하면, 창의적체험활동 클릭—초등학교 클릭—진로 클릭—교외 클릭—대구 달서구 입력—내용 영역 중 과학기술 클릭—자원유형 중 체험시설 클릭—달서구청소년수련관의 환경보호과학실험 선택—검색 등의 과정을 거쳐 정보를 얻을 수 있다.

아직은 사이트가 만들어지는 과정이기 때문에 영역별로 세분화되어 있지는 않지만, 공공기관에서 개설한 다양한 활동의 정보를 지역과 학년별로 손쉽게 검색할 수 있다. 또한 교육과학기술부에서 인증받은 활동들이기 때문에 대부분 학교 승인을 받은 후 창체 입력이 가능하다.

• 창체활동에서 에듀팟 입력까지!

창체의 활용 결과는 개개인의 의지나 열정에 따라 차이가 날 것이다. 중고등학교의 각 영역별로 항목마다 글자수에 제한이 없으므로 어떤 학생은 두세 줄로 끝날 수도 있고, 어떤 학생은 항목당 1,000자를 넘어설 정도로 장문의 소감을 적어 올릴 것이다. 글이 무조건 길다고 좋은 것은 아니지만 활동 후 할 말이 많다는 것은 그만큼 열정과 성실성을 대변하는 것이므로 읽는 이로 하여금 고개를 끄덕이게 만들 수 있는 정도의 기본 내용은 꼭 필요하다.

글자수가 무제한이라고 해서 너무 길면 읽는 사람이 지루할 것이고, 너무 짧으면 무성의해 보일 수 있다. 읽는 이나 쓰는 이의 적정 글자수는 항목 총 포함 500~1,000자 이내이다(자기소개서는 항목당 1,000자 이내로 제한, 항목 총 포함 6,000자 이내).

봉사활동, 진로활동, 동아리활동, 자율활동, 방과후학교활동 등 각 영역별로 글과 사진으로 자신의 활동기록을 입력하는 법을 단계별로 정리했다.

◉

에듀팟 노트 작성 → 에듀팟 입력 7단계 – 빠르고 쉽게!

사례 연극동아리활동에 참가한 고등학교 1학년 A군

영어연극동아리에 참가한 A군은 9월의 가을 축제를 대비해 〈로미오와 줄리엣〉을 준비하였다. A군은 주인공인 로미오의 친구 '머큐쇼' 역을 맡았다. 로미오를 파티에 데리고 가는 친구이자 티볼트에게 죽임을 당하는 인물인데, 전체적으로 역할 비중이 그리 크지 않고 대사분량도 적었다. 그러나 기

말고사가 끝난 후 방학 동안 주 1~2회 모여 연극 준비를 했다. 가을 축제까지 연습 기간은 5개월이었다. 공연을 성공리에 마친 후 A군은 다음과 같은 과정을 거쳐 에듀팟에 입력했다. (다음의 기록 양식은 에듀팟의 모든 활동(봉사/체험/동아리/자율/방과후) 공통이다.)

● 〈에듀팟 노트 작성〉 – 에듀팟 입력 전

1. 활동 기본 내용 기록–창체의 상단 기본 입력란 기록용/창체 요점 기록장/활동 참여 직후 작성

- 참여한 활동명 : 영어연극

- 활동 기간 : 2011년 5월~9월

- 담당교사 : 영어과 김OO 선생님

- 참여 인원수 : 13명

- 활동 장소 : 교내 동아리방 또는 강당

- 첨부파일 자료 : 연극 연습 사진 1장, 공연 당시 사진 2장, 대본 사진 1장

2. 활동 요점 기록–창체 본문용 글 재료/창체 요점 기록장/활동참여 직후 작성(총 9개 항목으로 나뉜다. 모든 활동을 한 후 9개 항목에 대한 요점을 기록한다. 이는 '①활동에 참여하게 된 동기 또는 목적을 써보세요. ②구체적인 활동내용과 소감을 써보세요.' 등의 창체 동아리활동 본문을 작성할 때 글 재료가 된다. 핵심요소인 글 재료를 모아두면 장문의 글을 쓸 때 한결 손쉽다.)

- 참여 동기 : 나의 소극적이고 내성적이며 수줍은 성격을 고치고 싶었다.

- 이번 활동에서의 나의 역할 : 영어연극 〈로미오와 줄리엣〉에서 로미오의 친구 '머큐쇼' 역할. 총 다섯 번 무대에 등장했다. 로미오를 줄리엣과 만나게 되는 현장으로 이끌었고 비극을 잉태하게 만든 인물. 등장 횟수와 대사는 그리 많지 않았지만, 결정적 단초를 제공한 핵심인물.

- 활동 중 가장 힘들었던 점 : 처음 동아리에 가입해서 친구들과 사귈 때부터 사실 힘들었다. 무엇보다 연극 연습을 할 때 내 생애 처음으로 사람들 앞에 서는 일이라 두려움 때문에 앞이 캄캄했고 목소리가 잘 나오지 않았다. 연습 내내 나 때문에 연습 시간이 길어지자 한 친구가 짜증을 내서 더 부담스러웠고 창피했다.

- 활동 중 가장 인상 깊었던 점 : 대본을 공동작업했는데, 로미오와 줄리엣이 최후를 맞는 마지막 장면에서 내가 제안한 의견이 만장일치로 받아들여졌을 때, 그리고 무대에서 큰 실수 없이 내 역할을 마쳤을 때는 정말 잊을 수 없다.

- 역할 수행 후의 만족도 : 100점 만점/60점

- 역할 수행 후의 반성할 점 : 여전히 목소리가 너무 작아서 잘 들리지가 않았다고 함. 친구들이 알려준 대로 매일 목을 푸는 연습을 할 예정.

- 활동 참여 후의 달라진 점(긍정적인 면과 부정적인 면) : 첫 공연을 끝내고 난 후 사람들 앞에 나설 때의 두려움이 확실히 많이 사라졌음. 영어에 대한 자신감도 높아졌고, 영어 공부를 매일 하고 있음.

- 앞으로의 각오 : 더욱 열심히 해서 내년 공연에서는 보다 비중 있는 역할을 맡고 싶음. 나의 단점인 작은 목소리와 단조로운 표정, 몸짓은 연습을 통해 나아질 수 있다고 생각함.

- 이번 활동이 나의 진로에 미치는 영향 : 적극성과 정확한 표현력 등은 진학이나 사회생활을 잘하기 위해서는 꼭 필요한 현대인의 덕목이므로 나는 보다 나은 모

습으로 변신할 수 있을 것임을 확신함.

3. 요점 기록을 참고로 본문 기록 – 창체 본문용 글/창체 노트/주말 등 여유 있는

　시간 활용

서술형과 개조식(번호를 붙여서 나열) 중 선택한다. 둘의 형식을 혼합해도 상관

없다. 서술형은 기승전결이 명확하게 잘 정리하고 중간중간 에피소드를 적절히

섞어 작성하는 등 자유로운 글쓰기가 가능하다. 그러나 자칫 흐름이 끊기거나 지

루할 수 있으므로 글쓰기에 자신이 있다면 서술형을 선택한다. 개조식은 일련의

번호 등 기호를 붙여서 정리하기 때문에 글을 읽는 맛은 떨어지지만 사실을 그대

로 전달할 때는 효과적이다.

다음은 A군의 동아리활동 기록을 창체 노트에 기록한 글이다.

●**참여하게 된 동기 또는 목적**

나는 천성적으로 부끄러움이 많고 내성적인 성격이었다. 중학교 때 '홍당무'라는

별명이 붙을 정도로 얼굴이 자주 빨갛게 달아오르곤 했다. 낯선 사람과 친해지는 데

도 시간이 오래 걸렸다. 공부는 잘하는 편이었지만, 이런 성격으로 인해 학교에서

임원활동을 해본 적이 없다. 사람들과 말할 때도 눈을 마주보기가 민망해 땅을 쳐다

보며 얘기하곤 해서 이런 습관을 자주 지적받았다. 나의 이런 성격을 고등학교 진학

후에 적극 고치고 싶고, 영어 실력 향상에도 도움이 될 것 같아서 '영어연극동아리'

를 택하게 되었다.

● **구체적인 활동내용과 소감**

　동아리에 가입한 후 5월부터 9월 축제를 대비한 연극 〈로미오와 줄리엣〉을 준비하기 시작했다. 나는 역할 비중이 비교적 높지 않은 '머큐쇼' 역을 맡았다. 무대 등장 횟수는 총 5회였지만 로미오를 줄리엣과 만나게 되는 파티 현장으로 이끌었다. 또한 티볼트에게 죽임을 당해 로미오로 하여금 복수심에 불타게 만드는, 즉 비극을 잉태하게 만든 결정적 장본인이라는 점에서 흐름을 이끌어가는 데 나름 중요한 역할이라고 판단했다.

　내성적인 성격이었던 나는 처음 동아리 친구와 선배들을 만났을 때부터 사실 쉽지 않았다. 무엇보다 내 일생에서 첫 연극이자 대중 앞에 서는 최초의 경험이었던 탓에 연극 연습을 할 때 많이 떨리고 말이 제대로 나오지 않았다. 연습 내내 나 때문에 연습 시간이 길어지자 한 친구가 짜증을 내서 더 부담스럽고 창피했다.

　대본은 공동작업을 했는데, 로미오와 줄리엣이 최후를 맞는 장면에서 내가 제안한 의견이 만장일치로 채택되었을 때는 정말 뿌듯했다. 동아리 친구들이 나를 인정해 주었다고 생각하자 그 다음부터 더욱 큰 소리로 대본 연습에 참여할 수 있었다. 오랜 연습 끝에 9월 축제에서 영어연극 공연이 성공적으로 끝나자, 나는 스스로가 대견스러웠다. 그러나 연기에 대한 내 점수는 60점밖에 줄 수가 없다. 공연 후 동아리 총평 때 내 목소리가 너무 작고 강약의 조절이 좋지 않아 효과적으로 대사 전달이 안 되었다는 평가를 받았다. 그 후 다음 공연을 위해 목소리를 매일 풀어주고 대본을 읽는 연습을 하고 있다.

　첫 공연을 끝내고 난 후 나는 사람들 앞에 나설 때의 두려움이 확실히 많이 줄어든 것 같아 기분이 좋다. 수업 시간에 발표할 때 목소리도 커졌고 얼굴도 전처럼 빨개지지 않는다. 영어에 대한 자신감도 높아졌다. 앞으로 영어 공부와 연기 공부를 더 열심히 해서 다음 공연에는 비중 있는 역할을 맡더라도 손색이 없도록 될 것이며, 표정, 몸짓, 목소리 연습도 꾸준히 해야겠다.

영어연극반의 공연을 통해 사회생활에 꼭 필요한 요소이자 나의 콤플렉스였던 자신감과 적극성, 표현력 등이 눈에 띄게 나아졌으며, 이런 변화가 대학 입시에서도 좋은 평가를 받을 수 있을 것이라 생각한다.

4. 창체 노트의 글은 평균 2회 첨삭을 한다. (글은 첨삭을 많이 할수록 좋아진다.)

● **〈에듀팟 입력〉 – 에듀팟 노트를 보면서**

5. 첨삭한 기록을 에듀팟에 입력한다. (에듀팟 입력 및 수정보완 등의 시기와 방법은 학교 측과의 협의에 따른다.)

6. 담당교사의 승인을 요청한다.

7. 완성

창체 노트
1단계 에듀팟 노트는 개인이 만들어 활용한다. 에듀팟 입력을 쉽고 간편하게 만들어주는 도구다.

◉

에듀팟 기록을 위해 꼭 필요한 3가지 도구

1. 에듀팟 노트(손글씨용)

- 현장에서 작성하기 때문에 휴대하기 편리한 수첩이 좋다.
- 활동 후 위 요점 기록은 그날을 넘기지 말고 바로 해둔다. 시간이 지난 후에는 중요한 사항을 잊어버리거나 빠트릴 수 있기 때문이다.
- 요점 기록을 모아두었다가 그 주를 넘기지 말고 주말을 이용해 창체 노트에 기록하고 첨삭한다. 1주일에 한 개 이상은 기록할 거리들이 생기므로 미루면 나중에 큰 부담이 된다.
- 주말 혹은 방학 등을 이용해 에듀팟에 입력한다.

2. 에듀팟 노트(컴퓨터용)

- 에듀팟 기록 양식을 본떠 컴퓨터에 영역별 노트를 만들어 작성한다.
- 봉사활동/진로활동(상담, 탐색, 인증 3가지 영역 포함)/동아리활동/자율활동/방과후학교활동/독서록 등 6개 영역에 맞는 노트 6권을 준비한다. 활동 요점 기록은 현장에서 바로 적거나 활동을 마치는 즉시 작성하므로 수첩 등에 수기로 적는 것이 좋다. 본문 내용은 컴퓨터에 노트 양식(51쪽의 자료 참조)을 만들어 입력하면 에듀팟에 그대로 복사해 본문을 옮기기만 하면 된다.
- 노트의 면 구성은 '창체 기본 내용 – 창체 요점 기록 – 본문'으로 이어지는 것이 가장 무난하다.
- 노트 작성 후 에듀팟에 입력할 때까지 평균 2회 수정첨삭을 한다.

3. 에듀팟 캘린더

• 주중, 주말, 방학 등 수시로 발생하는 창체활동은 캘린더로 관리한다.

비교과 관련 영역은 매우 다양하다. 월 1회로 참여하는 봉사활동이 있고, 두 달에 한 번 토요일에 참여하는 체험학습도 있다. 또 방학 때만 참여하는 봉사활동과 체험활동이 따로 있다. 교내와 교외 활동으로 나뉘기도 하고, 1년에 한 번 치러지는 전국 행사도 있다. 이처럼 비교과 일정을 관리하는 것도 쉽지 않기 때문에 학습 다이어리나 시험 계획표를 짜듯이 창체활동을 한눈에 볼 수 있는 나만의 캘린더를 만드는 것이 좋다. 비교과의 일정 체크 및 창체 기록 여부까지도 확인할 수 있는 창체 캘린더는 꼭 필요하다.

	1월	2월	3월	4월	5월	6월	7월	8월	9월	10월	11월	12월
1												
2												
3												
4												
5												
6												
7												
8												
9												
10												
11												
12												
13												
14												
15												
16												
17												
18												
19												
20												
21												
22												
23												
24												
25												
26												
27												
28												
29												
30												
31												

비교과 1년 관리표

창체 캘린더 비교과 활동은 일회성인 경우, 방학 중 활동, 연간 활동 등 매우 다양하다. 따라서 한눈에 파악이 가능한 연간 캘린더를 활요하는 것이 좋다.

대치동 엄마들의 정보력은 언제나 앞서간다. 비교과가 새로운 입시제도의 핵심으로 떠오르면서 그 중요성이 높아지자 대치동 엄마들은 벌써부터 움직이기 시작했다. 고등학교 입시와 대학 입시를 중심으로 초·중·고 과정에서 이뤄지는 비교과 전략의 다양한 사례를 파악하기 위해 학부모와 학생들을 직접 만나 이야기를 들어보았다.

02

대치동 엄마들의 주말활동 이야기

◦ **주5일제 대비 토요프로그램**

스토리1 : 외교관을 꿈꾸는 중학교 1학년 A군, 목표 학교는 용인외고 – 대학은 정치외교학과

스토리2 : CEO를 꿈꾸는 중학교 2학년 T양, 목표 학교는 경제동아리가 활성화되어 있는 자율
형사립고 – 대학은 경영학과

스토리3 : 수의사를 꿈꾸는 초등학교 6학년 C군, 수학·과학은 최고로 잘하고 싶어

우리 아이 비교과 전략

　대치동 엄마들의 정보력은 언제나 앞서간다. 비교과가 새로운 입시제도의 핵심으로 떠오르면서 그 중요성이 높아지자 대치동 엄마들은 벌써부터 움직이기 시작했다. 고등학교 입시와 대학 입시를 중심으로 초·중·고 과정에서 이뤄지는 비교과 전략의 다양한 사례를 파악하기 위해 학부모와 학생들을 직접 만나 이야기를 들어보았다.

　각각의 사례가 다 다르고, 모두 자기만의 색깔을 지니고 있었다. 비교과 전략을 짜본 학부모나 학생은 이 과정이 사교육에 의존하기가 쉽지 않을 뿐만 아니라 창의적인 아이디어가 꼭 필요하다고 토로했다. 개개인의 잠재능력, 시작점과 동기 등이 100인 100색이므로, 100마리의 황소 중에서 단 한 마리의 '보랏빛 소'가 되는 과정이 무엇보다 중요하다고도 했다.

◉ 주5일제 대비 토요프로그램

2012년 주5일제가 전면 실시되면서 놀토 프로그램이 유관 부처에 의해 다양하게 운영되고 있다. 주5일제가 실시되는 시작점이라 믿을 만한 비교과 프로그램을 찾기가 쉽지 않은 현실에서 공공기관의 프로그램은 실속도 있고 경제적이므로 적극 활용하는 것이 좋다.

부처명	프로그램 현황
문화부	• 문화예술기관 활용 토요 문화학교 운영 　-'12년도 100개 기관, 10,000명 대상 • 박물관, 도서관 등 문화시설을 통한 예술 체험활동 운영 　-문화기반시설 현황(2012. 1월 현재) 표 참조 • 토요 스포츠데이 운영을 위한 스포츠강사 지원 : 2,959명
국토부	• 청소년 대상 해양레저스포츠 체험교육 지원 　-수상레포츠 체험교실, 지자체, 해양소년단연맹 등을 통해 청소년 50만 명에게 해양레포츠 체험기회 제공 • 해양공간 체험프로그램 운영 　-갯벌체험, 해양영토대장정, 해양유적지 탐방, 여수EXPO 등 5개 프로그램
여가부	• 가정과 청소년이 함께하는 토요 프로그램 활성화 　전국적 수련관, 문화의 집 등 청소년활동 수련시설 721개 운영 　-현황('10년) : 수련관(168), 문화의집(216), 수련원(174), 야영장(41), 유스호스텔(116), 특화시설(6) 　동아리, 문화존, 자원봉사 등 맞춤형 청소년활동 지원 　-동아리(2,000), 문화존(116), 자원봉사터전(8,620), 청소년성취포상(738), 수련시설 운영 프로그램(약 1만 명) • 건강가정지원센터(전국 149개)를 활용한 다양한 가족지원서비스 제공 　-('11년) 가족교육(37만 명), 가족상담(20만 명), 가족친화문화조성(50만 명), 가족돌봄(12만 명), 가족통합서비스(10만 명), 총 129만 명

문화기반시설 현황(2012. 1월 현재)

구분	박물관	미술관	문화원	도서관	문예회관	문화의집	합계
시설수	562	128	224	699	165	170	1,948

부처명	프로그램 현황
복지부	• 지역아동센터를 활용한 방과후 돌봄서비스 지원 　-3,500개소 중 1,134개소(32.4%) 토요 운영('11.12)
법무부	• 솔로몬 로파크 '토요법체험 프로그램' 개설 운영 　-('11년) 26개 프로그램 700명 참여 • 초 · 중 · 고교생에게 기초 법질서, 학교폭력 등 법 교육 출장 강연 　-('11년) 1,560회 중 176회 주말 교육 실시
고용부	• 고용센터 내 맞벌이 부부 및 취약계층 자녀 등을 위해 토요일 직업 진로지도 프로그램 개설 　-직업심리검사, 직업별 인력수급전망 등을 활용한 미래 직업세계 특강, 진로 탐색을 위한 집단상담 프로그램 운영(CAP+, CDP) • 『한국잡월드』를 통한 "부모와 함께하는 직업체험 프로그램" 등 운영 　-진로설계관, 직업세계관, 어린이 · 청소년 체험관 등을 상시 운영, 상담과 체험이 연계되는 토요 특화 프로그램 개설 • 타 부처의 토요일 교육프로그램에 사용할 수 있도록 직업진로지도 컨텐츠 및 교육 프로그램 제공 　-여성가족부 전국 청소년수련시설 체험프로그램 등
환경부	• 국립공원 탐방프로그램 및 생태관광 바우처 운영 　초 · 중 · 고등학생을 대상으로 생태관광 프로그램, 국립공원 생태탐방 프로그램, 생태관광 바우처(수학여행경비 지원) 추진 　-'11년 247,240명의 초 · 중 · 고등학생 참여 • 민간단체 및 학교에서 운영하는 환경체험교육 프로그램 운영 지원 　-'03년 실시 이후 '11년까지 2,252여 개 프로그램 지원('11년 304개 프로그램, 844백만 원)
금융위원회	• 금융교육단체 등을 통해 주말 금융교육 실시 　-청소년금융교육협의회 「주말 어린이금융교실」 　('11년 10회 296명, '12년 20회 500명으로 확대 예정) 　청소년금융교육협의회 「행복돌봄금융교실」 　('12년 170학급, 3,700여 명 예정) • 학교, 지자체 등의 주말 프로그램에 금융교육 교재 및 강사 지원 　-금융감독원에서 개발한 초 · 중 · 고 금융교육 표준교재 등 제공

*자료 출처 : 2012년 3월 2일 교육과학기술부 보도자료

• 초등학교 3학년 때부터 외국어고를 목표로　A군은 초등학교 1학년 여름부터 3학년 여름까지 미국에서 지냈다. 아버지의 직장 연수 프로그램에 가족이 동행했기 때문이다. A군은 어릴 때부터 어학 능력이 뛰어난 편이었고 책읽기를 좋아했다. 초등학교 입학 후 받아쓰기 시험에서 매번 100점을 맞았고, 200여 쪽이 넘는 장편의 책도 한 자리에서 꼬박 읽어낼 만큼 집중력도 강했다. 글쓰기도 아주 좋아해서 매일 일기를 한 바닥이 넘게 썼고, 창작 스토리를 직접 만들어내기도 했다.

미국에 간 지 1~2개월 만에 A군은 빠르게 적응했다. 엄마는 낯선 환경에서 입을 떼지 못해 우물쭈물하는 상황이 많았는데, A군은 손짓 발짓 섞어가며 어느 새 엄마의 통역사 노릇까지 해주었다. 학교 과제물에서 우수하다는 평가를 받았고, 특히 수학부문에서 교내 경시대회와 주 경시대회에 참가해 수상하는 등 실력을 돋보였다.

미국에서 귀국한 후 A군은 3학년 2학기로 편입을 했다. 워낙 우리말 어휘력과 독해력이 뛰어났던 편이라 2년여의 공백이 있었음에도 불구하고 여름방학 동안의 교과서 읽기를 통해 무난히 공백이 메워졌다. A군은 초등학교 내내 '영어 잘하는 아이'로 통할 정도로 탁월한 실력을 보였다. 교내외 경시대회에서 상을 휩쓸었고, 초등학교 6학년 때 토플 90점을 넘을 정도로 우수했다.

"아들은 D외고를 초등학교 3학년 때부터 가고 싶어했어요. 당시 사촌 누나가 그 학교에 다녔는데 너무 멋있다고 생각했나봐요. 더구나 누나가 자신이 원하던 명문대에 합격하는 것을 보고는 꿈을 굳혔지요. 그런데 외고 입시가 갑자기 바뀌어서 너무 아쉬워요."

2010학년 입시부터 외국어고 입시에서 영어 내신만 평가하게 된 이후 사실상 영어 학력이 높은 지역의 학생들은 불이익을 당하게 되었다. 영어 상위권이 두터운 지역에서는 상대평가로 영어 내신 고득점 획득이 상대적으로 어렵기 때문이다.

• 중학교 1학년 진학 후 달라진 입시설명회를 듣고　A군의 엄마는 교육 관련 설명회에 갈 때 되도록이면 A군을 동행한다. 그래서 아들과 시간을 맞출 수 있는 토요일에 일정을 잡는 경우가 많다.

"보통 학부모를 대상으로 하는 설명회여서 엄마나 아빠가 참석하는데, 저는 당사자인 아이가 들어야 한다고 생각해요. 몇 년 사이에 입시가 많이 바뀌었는데, 그럴수록 아이가 직접 느끼고 실감해야 할 필요성을 느꼈어요."

A군은 D외고에 대한 마음을 어렵게 접고 대신 용인외고로 목표를 다시 정했다. 또한 초등학교 6학년 이후부터 외교활동에 대한 궁금증이 많아지더니 반기문 총장 등 특정 인물에 대한 책 읽기와 신문, 방송 등을 접하고 나서 '외교관'이 되고 싶다고 자신의 진로를 구체적으로 드러내기 시작했다.

용인외고 등 전국단위 자율형사립고에 대한 입시설명회를 직접 들은 A군은 자신의 입시 전략에 대한 아이디어를 직접 생각해 내는 적극성을 보이기도 했다.

• 적성검사를 통해 자신이 원하는 직업 찾아　"입시가 인문계열과 자연계열로 치러지잖아요. 구체적인 직업까진 모르더라도 계열 정도는 알아야 할 것

같았어요. 그래서 모 기관을 통해 적성 관련 검사를 받았어요. 국영수사과 등 전 과목을 어느 하나 처지지 않고 다 잘했어요. 특히 영어를 가장 좋아했지만, 수학도 영재학급에 참여할 정도로 아주 좋아하고 잘했어요.”

A군과 같은 경우가 적지 않다. 내가 상담을 했던 학생 중 학과 전체 영역을 다 좋아하면서도 잘하는 경우가 종종 있었는데, 검사해 보면 진로성숙도가 높은 학생의 경우 인문계열인지 자연계열인지 비교적 윤곽이 선명하게 나온다. 초등학교 수준의 학습 정도로는 적성을 나누기가 어렵기 때문에 과목흥미도나 성적만으로는 적성여부를 탐색하기가 어렵다. 이럴 때는 어렵게 고민할 필요 없이 적성검사를 받는 것이 좋다. 과학적 데이터가 비교적 정확해서 깜짝 놀랄 만큼 정확히 짚어내기도 한다.

“아들의 적성검사는 인문계열로 나왔어요. 언어적 적성과 사람을 상대하는 일을 좋아하는 것으로 분석 결과가 나왔어요. 그러니 아들이 원하는 외교관이 딱이지요. 아들은 적성검사 결과가 자신이 하고 싶은 영역과 정확히 일치하니까 한껏 동기부여가 잘되는 것 같았어요.”

검사표에는 적정 직업군에 20여 가지가 넘는 직업이 나와 있었는데, 그중 외교관도 있었다.

• 외교관을 목표로 무엇을 해야 할지 고민하기 시작　A군의 꿈은 외교관이었지만 구체적으로 어느 지역의 어떤 문제를 해결하고 싶은지 등에 대한 직업이해도가 그다지 섬세하지는 않았다. 현재 A군이 알고 있는 친숙한 직업이 외교관이라는 것일 뿐 중간에 구체적인 직업군이 바뀔 수도 있었다. 꿈이 바뀌는 것은 문제가 되지 않는다. 여기서 중요한 것은 아이 스스로 ‘나는 꿈을 이루기 위해 무엇을 해야 할까?’를 고민하기 시작했다는 것이다.

　A군의 엄마는 중학교 1학년 때부터 토요일에 시간을 내어 교과 및 비교과 전략을 짜기 시작했다.

　"아이가 자신이 하고 싶은 일을 정하고 나니까 비교과 전략은 비교적 수월하게 짤 수 있었어요."

　A군은 주로 토요일을 이용하여 비교과 전략을 세웠다.

● **A군의 교과 전략과 비교과 전략**

학년 : 중학교 1학년
목표 학교 : 용인외고
꿈 : 외교관

· **교과 전략**

내신	용인외고를 목표로 중2, 중3 때 내신 합격점 00점(70점 만점)을 얻기 위해 평균 00%(국영수사과)를 획득해야 함.
영어	초등학교 6학년 때 토셀 인터미디어트 3급 취득, 중학교 3학년 여름방학까지 토플 100점 이상 획득을 목표로 공부할 것. 교내외 영어토론대회 출전 및 수상. 중학교 2학년과 3학년 때 모의국제유엔대회에 참가할 예정임.한국외국어대 주최 영어토론대회에 참가할 예정임. 용인외고에 지원할 것이므로 조금이라도 도움이 될 것이라고 생각함.
사회	고등학교 진학 후 대입용 선택과목으로 '정치' 혹은 '법과 사회'를 공부할 확률이 높기 때문에 이와 관련된 독서를 평소에 틈틈이 하고, 한국사능력검정시험을 준비하여 중3 진학 전까지 3급을 취득할 예정임.

봉사활동	우리 문화유산을 외국인 대상으로 해설하는 자원봉사(서울시 주최 연간 2회 참여)/인터넷 외교관 '반크'로 활동/다문화가정 초등학생 학습지도 및 생활지도 도우미(가족봉사—주2회)
리더십	중1 현재 학급회장 활동 중/중2 때는 총학생회 부회장에, 중3 때는 총학생회장에 도전할 예정임. (A군은 워낙 임원활동에 흥미가 있고 잘하는 편임. 항상 학우들을 위해 무엇을 해야 할까를 창의적으로 고민하는 편이다. 디자인상 학교 교복이 너무 불편하다는 학우들의 의견을 학생회의 때 적극 피력해 교내 수업시간에는 교복 안에 입는 민무늬 흰 티셔츠만 입고 생활하도록 '생활복제도'를 도입하여 정착시키는 데 큰 역할을 함. 이를 계기로 학교장이 수여하는 모범상 수상. 총학생회 활동을 하게 될 경우 학교 전체 차원에서 자동차 소음 등 환경 문제와 학교 시설 문제, 동아리 활성화, 도서실 도서 확대구입 등에 대한 문제를 제기해 개선할 계획도 벌써부터 수립하고 있을 정도임.)
동아리활동	교내 영자신문 기자로 활동/교내 오케스트라(바이올린)에 가입하여 꾸준히 활동할 예정임. 동아리활동은 확산되는 활동들이 더 많기 때문에 적극 가입할 것을 권함. 영자신문을 통해 자신의 영문 에세이를 발표하고, 또 전국 중학교 영자신문 경진대회 등에 참가하면 수상 기회 및 해외체험 기회도 얻을 수 있음. 오케스트라 활동 역시 향후에 기회가 닿는다면 4중주 관현악단을 조직해 양로원이나 고아원, 병원 등의 봉사활동과 연결시킬 계획임.
체험활동	각국 문화원 및 대사관 탐방(월 1회 혹은 방학 때 집중적으로, 중학교 졸업 전까지 20개국 탐방 목표로 진행 중. 현재 미국문화원, 영국문화원, 독일문화원을 탐방했음)/G20 참여국 집중분석(자료모음집. 20개국의 나라별 특징 등을 사진과 글로 작성해 한 권의 책으로 만들었음. 이 책은 고등학교 졸업할 때까지 나라별로 자료를 지속적으로 수집해서 방대한 자료집으로 만들 예정임. 이미 가족여행 및 유학을 통해 다녀온 미국과 영국은 10쪽 넘는 분량이 채워졌음. 제목은 'G20 백과사전'. 향후 문화원과 대사관 탐방 후기를 이 백과사전에 엮어서 통합시킬 예정임.
자기주도학습	용인외고 입시설명회를 두 차례 듣고 입시 전략 직접 수립.

• **중학교 1학년 때 경제에 관심을 갖기 시작** T양의 부모님은 사업을 하신다. 조부모님이 의류사업을 하셨는데, 대를 이어 아버지와 어머니도 같은 일을 하신다. 미국, 중국, 대만, 일본 등 해외지사도 여러 개 꾸릴 정도로 자리를 잡은 중견 의류업체인데, 덕분에 주말이나 방학 때 T양은 부모님과 함께 국내 공장 및 해외지사도 돌아볼 기회가 수차례 있었다.

명절이나 특별한 일이 있을 때 할머니 댁에 가면 할아버지와 부모님은 거의 사업에 관련된 얘기를 하셨다. IMF 때는 상황이 어려워져서 부도위기까지 처했던 적도 있다. 그러나 부모님의 사업은 다시 안정을 되찾았고, 내수는 물론이고 수출판매도 급성장했다.

T양이 이러한 환경 속에서 자라면서 경제분야에 관심을 갖게 된 작은 사건이 있었다. T양과 친했던 급우가 있었는데 가정형편이 매우 어려웠다. 그 친구에게는 대학생 오빠가 있었는데, 학교를 다니면서 일주일 내내 아르바이트를 해도 학비를 충당할 수가 없다고 했다. 그래서 학자금을 대출받아 겨우 학교에 다니고 있는데, 졸업 후에는 2천 여만 원의 학자금 대출 빚을 지게 되어 10년 넘게 원금과 이자를 갚아 나가야 한다는 것이었다. 친구의 가족은 다섯 식구가 방 2개의 지하셋방에서 어렵게 살고 있었다. T양은 그런 친구의 사정을 초등학교 때부터 알았지만 실감을 하진 못했었다.

그러던 어느 날 T양은 사촌언니에게 신발을 선물로 받았는데, 꽤 고가였던 그 신발을 보고 친구는 눈을 둥그렇게 뜨며 부러워했다. T양은 '이거 얼마 안 비싸대. 30% 할인해서 15만 원 주고 샀다고 하니까 너도 사달라고 해.' 하면서 가볍게 얘기를 했다. 그것이 화근이었다. 친구는 갑자기 얼굴을 붉히더니 집으로 가버렸고, 그 후로 T양과 말을 섞으려 하지 않았다.

영문을 모르던 T양은 사촌언니에게 친구가 화난 이유를 듣고 고민에 빠졌다. '아, 세상의 돈은 왜 공평하게 돌아가지 않고 있는 사람과 없는 사람의 차이가 이리도 심한 것일까?' T양은 그 이후로 경제 관련 책과 인터넷 정보를 검색하기 시작했다.

• 경제와 경영의 매력에 푹 빠지다　T양은 〈경제학콘서트〉, 〈스티브잡스 평전〉, 〈괴짜 경제학〉 등을 찾아서 읽었다. 읽으면 읽을수록 너무 재미있었다. 현대사회에서 새로운 아이디어와 직원들과 경영인의 소통이 얼마나 중요한지도 깨달았다. 매월 경제학 관련 서적을 2권 이상 읽었는데, 읽은 후에는 독서록을 꼭 써두었다. 그리고 어려워서 모르는 부분은 형광펜으로 표시를 해두고 백과사전을 찾아보거나 선생님 혹은 부모님께 물어보면서 확실하게 내 것으로 만들기 위해 노력했다.

중학교 1학년 초부터 기록하기 시작했는데, 1년 여의 시간이 지나는 동안 총 30권의 독서록을 작성했으니 매월 2권 이상은 지속적으로 읽은 셈이었다. 문학 종류의 책과는 달리 400쪽 가까운 책도 있고, 또 너무 어려운 책들도 있어서 두 번 읽은 후에야 겨우 내용이 이해가 되었던 책도 여럿 있었다.

T양이 중학교 때 경험한 경제 관련 활동으로 가장 기억에 남는 것은 벼룩시장 참여였다. 여름방학 무렵에 TV에서 '아나바다 벼룩시장' 현장소식을 접했다. 주말마다 열린다는 벼룩시장엔 사람들이 인산인해를 이루었다. 부모님께 상의를 드린 후 T양은 초등학교 때 사용하던 학용품과 작아서 못 입게 된 옷과 신발, 액세서리, 아끼던 베개, 인형 등을 정리해서 들고 벼룩시

장에 참여했다. 어머니께 물건의 실제 가격을 물어보면서 중고품의 책정 가격을 임의로 적어서 붙였다.

T양은 벼룩시장에서 장사를 해보았다. 신발이 한 켤레에 2000원, 학용품은 300원부터 700원까지 가격표를 붙여놓고 오전 9시부터 오후 5시까지 장사를 했는데, 고객 중에는 또래 친구들부터 노인까지 다양했다. 고객마다 물건에 대한 설명을 할 때 사용하는 말투를 다르게 해야 한다는 점, 물건에 대한 장점만 얘기하기보다 단점을 함께 얘기해 주면 오히려 더 신뢰를 한다는 점 등을 알게 된 소중한 경험이었다. 그리고 물건을 살 때는 욕심을 내지만 막상 사고 난 후에는 거의 새것 그대로인 채 쓰지도 못하는 물건이 더 많다는 사실을 알고 반성하는 기회도 되었다.

T양은 앞으로 물건이 모아지는 대로 벼룩시장에 꾸준히 참여하기로 했다. 벼룩시장을 준비하는 과정부터 현장 상황, 마무리까지 체험보고서를 작성했으며 벼룩시장을 주관한 구청 측에 확인서를 받아두었다. 사진까지 붙여서 현장의 생생함을 그대로 살리는 보고서를 작성할 계획이다. 기회가 닿으면 타 지역의 벼룩시장에도 참여해서 벼룩시장이 어떻게 활성화될 수 있는지, 환경문제와 사회문제에 어떻게 기여할 수 있는지 나름대로 진지하게 고민해 볼 생각이다.

• 도보여행을 기록하다　T양의 가족은 여행을 매우 좋아한다. 특히 도보여행을 좋아하는데, T양이 걸음마를 할 때부터 시작한 도보여행은 매년 2차례 이상 갔었다. T양이 초등학교 고학년이 되면서 코스는 3박4일 이상으로 길어졌다. 코스도 만만치 않았다. 지금까지 다녀온 도보여행 코스 중 가장 기억에 남는 곳이 '지리산 둘레길', '제주 올레길', '서울 성곽 둘레길', '남한산

성 일주’, ‘경기도 분당에서 여의도 한강까지 복개천 공원 도보순례’ 등이었
다.

중학교 1학년 기말고사를 2주 앞둔 작년 이맘때의 일이었다. 시험계획표
를 짜서 벽에 붙여놓고 열심히 공부에 매진하고 있는 T양에게 부모님은 ‘주
말에 한강 공원 도보순례를 가려는데 갈 수 있겠니?’라고 물어보았다. T양
은 당시 중간고사의 부진함을 면하기 위해 굳은 각오로 공부에 임했던 터라
망설일 수밖에 없었다. 그러나 도보여행의 재미가 새록새록 떠올랐고 마침
내 동참하기로 했다. 그 대신 평일에 더 열심히 집중해서 공부했다. 도보여
행을 다녀온 후 몸과 마음이 상쾌해졌으며, 시험 결과는 기대 이상으로 잘
나왔다.

도보여행을 떠날 때마다 여행지 검색과 여행코스 계획표 등은 T양의 몫이
었으므로 떠나기 전에는 하루 꼬박 걸려 여행준비를 해야 했다. 덕분에 지리
감각이 남다르게 발달해 사회 과목에서도 특히 지리 영역을 매우 좋아하고
잘한다. T양은 10년 넘게 이어온 도보여행의 경험을 7권의 책 속에 고스란
히 정리해 두었다.

“기억에 남는 도보여행만 골라서 정리한 책이에요. 사진도 붙이고 그림도
그리고 일기를 쓰듯이 글도 그날그날 썼어요. 앞으로도 계속 책으로 정리해
두려구요.”

“아이가 정리해 놓은 도보여행 기행문을 읽으면 참 기분이 좋아져요. 지
리산 둘레길을 3박4일 일정으로 갔었는데, 당시에 아이가 발에 물집이 생겨
서 붕대로 칭칭 감아가면서 걸었거든요. 그래도 중간에 집에 가고 싶다는 말
한 마디 안 하고 꾹 참고 완주를 했어요. 집에 와서 발의 붕대를 풀어보니 발
가락의 피부가 벗겨지고 진물이 흐르더군요. 그제서야 울음을 터뜨리는 아

이를 보고 참 대견하다는 생각이 들었어요. 당시의 느낌을 책에 고스란히 적었는데 보는 이로 하여금 감동을 주네요."

T양의 도보여행 기록집을 보면서 '학교에서 공부를 잘한다는 것만으로 능력을 평가한다는 것이 얼마나 단편적인 평가인가.'라는 생각을 다시금 했다. 도보여행을 준비하고, 극에 달하는 어려움을 인내하고 극복한 뒤에 얻는 소중한 깨달음은 성장과정에서 T양에게 한아름의 인생의 선물이 아닐까. T양이 CEO의 꿈을 이루어 나가는 과정에서 도보여행의 경험은 위기를 맞을 때마다 옹달샘 같은 에너지원이 될 것이다.

● T양의 교과 전략과 비교과 전략

학년 : 중학교 2학년
목표 학교 : 자율형사립고
꿈 : 경제경영전문가

· 교과 전략

내신	고등학교는 내신 50%가 지원자격 제한인 인근의 자율형사립고를 목표로 함. 특히 그 학교의 활성화된 경제동아리가 마음에 들고 영어 방과후 프로그램이 잘되어 있다는 점, 경제 과목이 학교 선택과목이어서 집중이수가 가능하다는 점도 마음에 듦. 진학 후 영어 관련 활동과 경제동아리활동에 매진할 계획. 중학교 1학년 성적표(학년말 종합기준) 국어 90점 30/350(상위 11%)/수학 88점 45/350(상위 15%)/영어 98점 2/350(상위 1%)/사회 90점 50/350(상위 16%)−2학년 말까지 국어 상위 10% 진입/수학 상위 10% 진입.
영어	경영대는 대학 입시에서 특히 '영어' 영역을 중시한다고 해서 열심히 하려 함. 현재 성적 유지 목표−중학교 졸업 전까지 토플 100점대, 고등학교 2학년까지 토플 110점대 진입 목표, NEAT는 고3 첫 시험에서 2급 올 A를 받을 계획.
사회	상위 10% 진입−중3 국영수사과 주요 과목 상위 10% 이내를 유지하면서 사회와 영어는 상위 3% 이내로 올릴 것. 사회 영역은 인문계 진학할 때 꼭 필요한 선택과목이고 가장 좋아하는 과목이므로 성적 상승에 더욱 매진할 것임. 경제 공부는 틈틈이 독서와 체험을 통해 고등 과정을 예습할 계획.
고등학교 진학 후	탐구영역은 국사와 경제로 정하고 매진할 것임. 고1부터 경제 관련 경시대회 및 AP(경제과목 2개 영역)에 도전하면서 내실 있는 경제 심화학습을 할 것임. 서울대에 가려면 전체 과목 내신 관리를 해야 하는데, 서울대를 포기하고 타 대학 경영대를 목표로 비교과활동을 보다 다양하게 하고 싶다.

• 비교과 전략

봉사활동	벼룩시장에서의 수익금 전액을 ○○단체에 정기적으로 기부-교내 벼룩시장을 유치해 아나바다운동에 참여할 예정/도보여행을 다니면서 쓰레기 수거/고교 진학 후 헤비타트운동에 참가할 예정.
리더십	교내 아나바다 모임 회장(중등·고등)-벼룩시장에 수차례 참여하면서 새것과 같은 중고물품을 재활용하는 일은 환경보호에도 도움이 되고 물자절약운동과 더불어 물건이 꼭 필요한 어려운 이웃을 위한 자선활동과도 연결된다는 생각에 이를 학교에서도 활성화시키고 싶다는 생각을 갖게 됨. 현재는 학생회의 때 '아나바다' 공간을 확보해 각 반에서 수거한 중고물품을 아나바다실에 전시해 놓고 정해진 날짜와 시간에 와서 필요한 물건을 가져가게 만들 계획/고교 진학 후 경제동아리에 가입한 후 임원활동을 할 예정.
동아리활동	교내 아나바다 회장/영어CNN반-영어는 최고 실력을 유지하고 싶기 때문에 이 동아리에 가입. CNN을 시청하고 특정 기사를 요약정리한 후 이를 주제로 토론하고 에세이를 작성하는 것으로 마무리. 주 1회 모임으로 토론은 격주로 이루어짐. 매월 2개의 에세이를 작성하게 되므로 이를 자기주도학습 결과물로 활용할 예정.
체험활동	청소년경제캠프 중3 때 참가(여름방학 이용 2박3일)/경제관련 박물관 탐방(화폐박물관, 은행박물관 등을 탐방하고 보고서 작성)/벼룩시장에 꾸준히 참가한 후 보고서 작성/도보여행-평균 연 2회 지속적으로 참여함. 고교 졸업 전까지 총 10권의 여행 책을 만들어 대학 진학시 자료로 제출할 예정.
자기주도학습	영어 뉴스 시청기 월 2회(영어뉴스동아리에서 활동한 자료를 별도의 노트를 만들어서 기록). 뉴스 주제 관련 신문과 잡지, 인터넷, 책 등 수집한 자료를 원본 혹은 복사본, 책의 목록 등을 상세히 기록. 토론과정도 생생하게 묘사. 이를 토대로 에세이를 작성한 기록들.
독서록	평소에 읽었던 경제 경영 관련 독서록을 작성하여 전공 관련 지식 함양의 증거로 제출할 예정. 존경하는 사업가 전기를 읽고 따로 인물 독서록으로 묶을 생각. 삼성 이건희 회장, 스티브 잡스, 워렌 버핏, 빌 게이츠 등 고교 졸업 전까지 100인을 채울 생각.

• 동물과 함께 있을 때가 가장 즐거워　C군은 집에서 페키니즈와 시추 두 마리의 애완견을 키운다. 둘 다 나이가 열 살이어서 애완견으로서는 노인 축에 해당된다. 세 살 때부터 함께 자라다시피해서 이젠 강아지의 눈빛만 봐도 무엇을 요구하는지 눈치 챌 수 있을 정도다.

"아이는 강아지뿐만 아니라 털 달린 동물은 전부 좋아해요. '동물의 왕국' 은 어릴 때부터 빠짐없이 봤고, 동물을 학대하는 장면을 보면 눈물을 흘리면서 속상해해요. 동물원에 데리고 가면 유인원관에서 몇 시간씩 보내곤 했지요. 아이가 유난히 좋아하던 고릴라가 용인 동물원에 있어서 그때는 2주에 한 번꼴로 갔나봐요. 동영상도 찍어놓았는데, 집에선 그것을 보고 놀았어요."

C군은 동물 관련 그림책을 아주 좋아했는데, 초등학교 3학년 때는 만화 그리기에 푹 빠져 있었다. 만화의 주된 소재는 역시 동물이었다. 동영상에 나오는 C군의 친구 고릴라도 수없이 그렸고, 애완견들 역시 중요한 그림 소재였다.

• 아이 관심도에 맞춰 집중 지원한 C군의 엄마　C군의 엄마 A씨는 충실한 조력자 역할을 아주 잘했다. 유아기 때부터 아이가 집중을 하는 대상이 생기면 그 분야에 관한 모든 것을 제공해 주어 최대한 관심을 깊고 넓게 파고 들어가게끔 도와주었다.

"아이가 어릴 때 애완견부터 시작해 고릴라, 블록, 퍼즐 등 1년 내외로 집중하는 대상이 지속되었어요. 초등학교에 진학한 이후에는 학교와 학원 수업으로 인해 몰입하는 정도가 낮아졌지만, 유아기 때는 최고였어요. 저는 그런 아이를 조금이라도 방해할까봐 조심했지요.”

A씨는 아이가 애완견에 집중적으로 관심을 보이던 6~7세에 어떻게 아이를 지원해 주었는지 자세히 들려주었다. 애완견 도감을 비롯해 애완견 관련 동화(우리말, 영어 원서)를 서점에서 구입해 주었다. 또 아이가 집에서 키우는 개가 중국 개라는 사실을 알고 각국의 대표적인 애완견에 대한 관심을 보였을 때는 〈세계 애완견 도감〉을 읽게 했다. 그리고 당시 나라별로 애완견을 글과 그림으로 정리하기도 했다.

아이가 블록에 빠져 있을 때는 레고 외에 다양한 응용 블록 5가지를 더 추가해서 조립하도록 단계별로 구입해 주었다. 레고 놀이시설에 1년간 보내기도 했으며, 가족 모두가 경기도 Y시의 레고마을에 수차례 다녀온 적도 있었다.

“아이가 집중하는 대상에 몰입하고 그 관심을 점차 확산시켜 나가는 과정에서 많은 것을 얻을 수 있다고 생각했어요. 어릴 때 집중하는 대상을 충분히 만끽하게 해주어서 그런지 집중력이 상당히 높다는 평가를 받아요. 독서도 많이 했는데, 얼마 전 테스트 받아보니 초등학교 고학년인 지금 중학교 3학년 이상의 어휘력과 독해력을 갖추고 있다고 하더라구요.”

A씨처럼 자녀의 전폭적인 지원자가 되기란 사실상 쉽지 않다. 영유아기에는 학업에 대한 부담이 적으니 교육에 관심이 많고 부지런한 부모는 이러한 역할을 잘해줄 수도 있는데, 초등학교 진학 후에는 일반적으로 상황이 많이 달라진다. 학교와 학원 수업이 중심이 되면서 아이가 공부 외에 다른 분야에 관심을 보일 때는 방해꾼의 역할을 더 많이 하는 것이 사실이다. 공부가 가장 중요하기 때문에 필요 이상 다른 분야에 시간을 투자하는 것은 낭비

라고 생각한다.

그러나 A씨의 입장은 달랐다.

"초등학교 시기는 학력에 문제가 생기는 정도가 아니라면 학교 성적에 연연하지 말아야겠다고 생각했어요. 아이가 성실하게 준비해서 시험을 치르거나 과제물을 챙길 수 있는 습관만 익히면 성적은 중학교를 진학한 후에 챙겨도 되잖아요. 그리고 입시도 많이 달라져서 공부만 잘하는 아이보다 자신의 관심과 적성에 맞는 분야를 찾아서 일찌감치 파고들어가는 것이 유리하다고 판단했어요."

• **남다른 집중력과 성실성, 학습동기가 자연스럽게 갖춰져** A씨는 '감각적인 입시'의 틀을 짰다. 감각적인 입시의 의미는 '진보적이면서 세련된'이라는 뜻이 포함되어 있다. A씨는 평소에 교육정책에 관련해 부지런히 정보를 수집하고 있었다. 정보력이 대세임은 교육에서도 예외가 아님을 일찌감치 알았기 때문이다.

"아이가 어렸을 때는 주로 교육정보 관련 책을 많이 읽었어요. 그때그때 화제가 되었던 학습이나 입시정보 전문가들의 초청강연을 많이 들으러 다녔어요. 학원 설명회는 아전인수 격 정보가 많아서 거의 다니질 않았어요."

A씨는 인터넷에 교육 관련 블로그 및 카페, 홈페이지 등 즐겨찾기를 해놓은 곳이 30여 개가 되는데, 특별히 바쁜 일이 없는 한 10여 곳의 정보는 매일 훑는 편이라고 한다. 변화하는 입시정책을 정리하면서 입시와 학습의 풍토가 A씨가 공부하던 때와는 많이 변했음을 절감했다고 말한다.

"입시제도가 선진적인 방향으로 변하는 것 같아 마음에 들어요. 공부 잘하는 아이만 인정해 주던 구시대적 입시는 벌써 변했어야 했어요. 각종 입시

유형은 물론이고 시험에서도 단순암기형 문제가 아니라 통합적 사고력과 문제해결능력 등을 필요로 하는 문제가 많이 나온다고 하는데, 여기에 맞춰 공부도 시켜야겠지요."

A씨가 아이의 어린 시절부터 공부에 무작정 매달리기보다는 아이의 관심사에 대한 보조 역할로 만족한 것도 어쩌면 '감각적인 입시전략'의 하나였는지도 모른다.

"자기가 관심 있는 일에 푹 빠져서 전문가 수준까지 해보았던 몇 차례의 과정이 아이에게 꼭 필요한 학습능력과 습관을 갖추게 한 것 같아요. 공부를 잘하려면 집중력, 인내력, 자신감, 학습동기, 사고력 등이 필수 요소잖아요. 그런데 이런 요소들이 유아기부터 현재까지 꾸준히 자리를 잡았지요. 초등학교까지는 성적보다 눈에 보이지 않는 학습에 필요한 충분조건들을 갖추는 것이 더 중요하다고 생각했거든요."

C군은 현재 학교 시험은 거의 다 100점이고, 과제물도 성실히 수행하기 때문에 학습능력과 학습습관이 탄탄하게 갖추어져 있다.

• **C군의 꿈이 구체화될 무렵, 진로적성검사를 받다** C군은 독서를 좋아하고 국어와 영어, 수학 모두 비슷한 결과를 보였기 때문에 과목별 선호도로 적성을 파악하기가 쉽지 않았다. 그래서 인터넷에서 무료적성검사를 받았다.

"무료라고 해서 검사를 받긴 했는데 그것만으로는 별 의미가 없었어요. 검사 결과에 대한 해설을 일반인이 해석하기는 힘들더라구요. 그래서 상담기관을 찾아가 결과지 분석을 의뢰했지요. 학교에서도 무료로 적성검사를 해주는 것으로 알고 있는데, 학부모들 대부분이 결과지를 받고 '그래서 어떻게 하라는 것이지?'라고 생각했다고 해요. 즉 결과지를 바탕으로 한 개개인

상담이 반드시 필요하다는 얘기지요."

C군의 적성은 자연계열이며 창의성이 높은 편으로 나타났다. 자연계열 중에서도 기계를 다루는 일보다는 학문을 탐구하고 분석하는 직업이 더 어울리는데 직업군에는 교수, 학자, 의사가 포함되어 있었다. C군이 원하는 직업과 적성이 거의 일치했고, 그 이후로 수의사로 목표를 정하고 교과와 비교과 전략을 구체적으로 짜기 시작했다. 적성검사가 그리 중요한 것 같아 보이지 않았는데, 그래도 과학적 데이터에 근거한 검사를 한 뒤 아이의 꿈과 일치한다는 결과가 나오자 아이는 한결 동기부여에 탄력을 받는 것 같았다고 한다.

• 수학 · 과학 관련 안팎의 실력을 쌓을 계획을 세우다 C군은 따로 영재학급이나 영재원을 준비하지 않았기 때문에 수학 · 과학 관련 전문지도를 받아 본 경험이 거의 없다. 초등학교 2학년 때 1년 동안 교과서 내용대로 실험실습을 해주는 방문학습지를 해본 것이 전부였다. 그동안 수학 · 과학 관련 책을 읽어서 배경지식은 많은 편이었지만 이를 체계적으로 정리해 보지 않았던 터였다.

C군은 우선 매주 1회씩 참여하는 과학관 무료 프로그램을 신청했다. 별자리 찾기, 해부교실, 로봇교실 등등 흥미진진한 과학 프로그램이 풍성하게 마련되어 있었다. 과학관이 집에서 그다지 멀지 않아서 과학에 흥미가 있는 친구와 함께 다니기로 했다. 또 프로그램이 끝날 때마다 보고서를 꼭 작성한다. C군은 자신이 가장 관심 있는 동물인 애완견 관련 보고서(세계 애완견)를 작성하기 시작했는데, 그림과 글을 곁들여 자신만의 책으로 완성해 볼 생각이다. 또한 애완견이나 소, 돼지 등이 먹는 사료가 과연 자연 음식보다 건강

에 더 좋은지도 파헤쳐보고 싶다고 말한다.

"평생 과자처럼 생긴 사료만 먹고 살아야 한다는 것이 불쌍한 생각이 들었어요. 사람들은 입맛과 영양에 따라 고루 찾아 먹잖아요. 사료가 과연 동물을 위해 만든 것인지, 사람의 편의를 위해 만든 것인지 알아보고 싶어요."

●C군의 교과 전략과 비교과 전략

학년 : 초등학교 6학년
목표 학교 : 과학고 혹은 영재학교/과학중점학교
꿈 : 수의사

• 교과 전략

중학교 진학 후 수학·과학 영재학급 또는 영재원에서 수강/고등학교 진학 후에도 영재학급 혹은 영재원 수강/생물실험 교외 방학특강을 중학교 때까지 지속할 계획/중학 진학 후 생물 관련 동아리 가입/수학과 생물은 중학교 때부터 A등급 유지 목표.

수학	수의사가 되기 위해선 수학을 매우 잘해야 한다고 생각, 심화학습과 선행학습을 하고 있음. 하루 2시간 이상 수학에 할애. 교내외 경시대회에도 정기적으로 출전해 수상실적을 쌓고, 수준 높은 문제를 많이 풀어볼 계획. 중학교 진학 후에는 수학 관련 방과후학교나 특별활동 등을 신청할 계획.
과학	가장 좋아하는 생물을 확실하게 공부할 계획. 생물실험 교외 방학특강을 중학교 때까지 지속. 중학 진학 후 생물 관련 동아리에 가입해 주도적으로 활동할 예정. 영재원, 영재학급 등을 1학년부터 꾸준히 도전. 과학탐구대회에 출전해, 매년 수상실적을 쌓을 것. 6학년 가을부터 생물올림피아드를 준비해 출전할 계획.
영어	현재 토셀 주니어 1급인데, 초등학교 졸업 전까지 토셀 인터미디어트 3급 취득 목표. 중학교 진학 후 토플 응시로 내실을 다질 것.

봉사활동	동물보호협회 유기견센터 자원봉사 지속적으로 활동/소년소녀가장 공부방 영어교사 예정－고교 진학 후 지역아동센터에서 소년소녀가장을 위한 영어교사 자원봉사를 할 계획(주 1회).
리더십	중학 진학 후 생물반 팀장으로 활동할 계획/고등학교에서도 과학반에 가입하여 생물 관련 활동 지속할 것.
동아리활동	중고등학교 생물반/가능하다면 미술반도 가입하고 싶음.
자기주도학습	현재 과학관 사이언스 특강에 참여 중(주 1회)－초중고 지속적으로 참여할 계획)/ '동물과 사료'(가제)를 주제로 소논문을 써볼 예정. 현재 자료수집 중. 수학문제 풀이노트를 매일 작성할 계획(고난이도 문제 하루 10개씩 풀 것).
독서록	제인구달 등 동물애호 전문가 등이 쓴 책을 섭렵 후 독서록 작성. 강아지 동물연감 등 집중 독서.

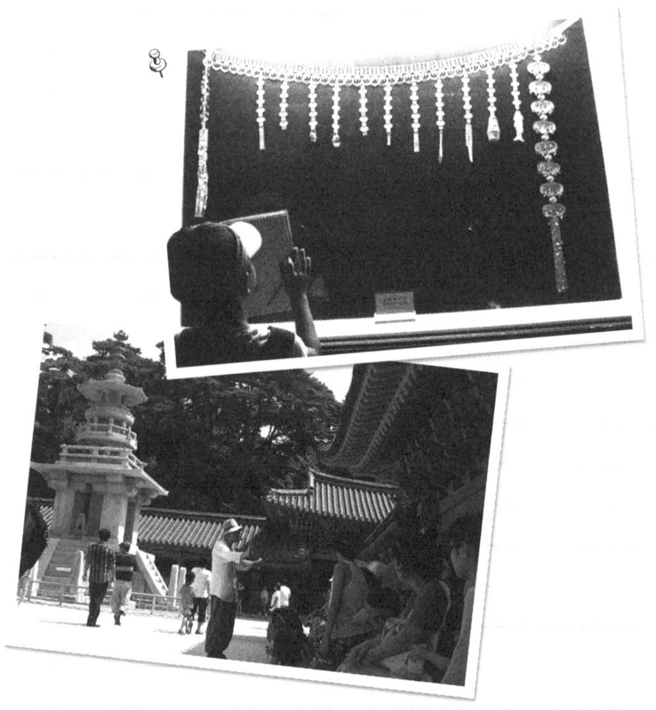

과거 해방 이후 70년간 지속되어 온 입시와 학습의 시대는 지나갔다. 현대를 살아가는 아이들의 마인드도 부모들의 그것과는 다르다. 인재를 가늠하는 기준도 그때와는 다르다. 이미 입학사정관제라는 새로운 제도가 입시 판도를 6년째 흔들어놓고 있다. 숨 가쁘게 변해가는 입시정책과 사회 마인드를 따라가지 못하는 부모가 비교과 전략을 망치는 최대의 걸림돌임을 명심해야 한다.

03

주말활동 비교과 전략 10단계 따라하기

- 비교과 전략 1단계 : 마인드컨트롤
  부모가 최대의 걸림돌, 입시 마인드를 바꿔라!

- 비교과 전략 2단계 : 부모의 위치 찾기
  자녀를 교육의 중심에 두어라!

- 비교과 전략 3단계 : 자녀 탐색
  공부 외에 무엇을 잘하는지 살펴라!

- 비교과 전략 4단계 : 교과/비교과 나누기
  초등학교 때부터 교과/비교과 나눠서 관리하라!

- 비교과 전략 5단계 : 꿈 찾기
  꿈을 못 찾는 것이 아니라 '안' 찾는 것이다.

- 비교과 전략 6단계 : 꿈 중심의 교과/비교과 전략 짜기
  꿈은 교과와 비교과라는 열매로 주렁주렁 열린다!

- 비교과 전략 7단계 : 예체능을 계속 해야 돼?
  예체능 영역은 예쁜 포장지와 같은 역할을 한다!

- 비교과 전략 8단계 : 비교과 우등생?
  교과만 우수한 학생은 참 없어 보이는 시대!

- 비교과 전략 9단계 : 비교과와 사교육의 관계 정립
  비교과를 사교육에 의존하는 촌스러움은 버려라!

- 비교과 전략 10단계 : 즐기는 자를 이기지 못하리니
  비교과를 즐겨라!

초등학교 탐색기 – 중학교 선택기
– 고등학교 집중기

앞장에서 소개한 사례를 살펴보면서 참으로 교육이 많이 변했음을 느꼈을 것이다. 죽어라하고 국영수 등 주요 교과 공부에만 매달리면 입시와 학습 문제가 해결되던 부모 세대와는 차이가 많다는 것을 알 수 있다.

아직은 낯설기만 한 입시문화이기 때문에 선뜻 자녀에게 적용시키기도 쉽지 않을 것이라 생각한다. 그래서 이해를 돕기 위해 단계별로 비교과 전략 실천사항을 나눠보았다. 초등학교는 탐색기 – 중학교는 선택기 – 고등학교는 집중기로 크게 구분할 수 있다.

◉

비교과 전략 1단계 : 마인드 컨트롤

부모가 최대의 걸림돌, 입시 마인드를 바꿔라!　　　　자녀에게 가장 걸림돌이 될 확률이 높은 부모는 어떤 타입일까? 또 자녀의 초중고 학령기 12년 동안 시행착오를 가장 많이 겪는 부모는 누구일까? 놀랍게도 이에 대한 답은 '과거 우등생이었던 명문대 출신 부모'이다.

나는 대치동에서 오랜 기간 상담을 해오면서 다양한 유형의 학부모들을 만나왔다. 각 부모마다 특성이 달랐는데, 특히 자기주장이 강하고 이미 결론을 마음속에 정해놓고 찾아오는 부모들이 가장 대하기가 힘들다. 이들은 새로운 정보를 받아들이는 데 매우 인색하다. 자녀교육에 있어서도 바뀐 입시와 학습환경에 적응하는 속도가 더디다. 왜일까? 학생 시절에는 우등생이었는데 부모가 된 후에는 갑자기 머리가 나빠진 것일까?

오류의 근본 원인은 자기방식을 지나치게 믿기 때문이다. 이런 부모들 대부분이 '난 이렇게 공부해서 성공했다.'라는 자신들의 방법을 지금의 자녀에게 고집한다. 과거 단순암기형의 학습, 열심히 공부해서 전교 1등을 하면 영웅 대접을 받던 시대의 정서를 그들은 자녀에게도 그대로 접목시키려 한다. 자신이 경험했던 방식을 그대로 자녀에게 적용해 보지만 안 되는 이유를 이해하지 못한다. 그리고 자녀와 한참 실랑이를 벌이다 상담소까지 찾아오는 것이다.

과거 해방 이후 70년간 지속되어 온 입시와 학습의 시대는 지나갔다. 현대를 살아가는 아이들의 마인드도 부모들의 그것과는 다르다. 인재를 가늠하는 기준도 그때와는 다르다. 이미 입학사정관제라는 새로운 제도가 입시 판도를 6년째 흔들어놓고 있다. 숨 가쁘게 변해가는 입시정책과 사회 마인드를 따라가지 못하는 부모가 비교과 전략을 망치는 최대의 걸림돌임을 명심해야 한다.

◉

비교과 전략 2단계 : 부모의 위치 찾기

자녀를 교육의 중심에 두어라!　　기독교 교리에서 '나' 중심이냐, '하나님' 중심이냐에 따라 신앙생활은 차이가 있다고 말한다. 하나님이 중심에 존재해야 비로소 신앙인의 삶이 시작이 되는 것이며, 내 주관대로가 아닌 하나님의 뜻대로 바람직한 삶이 이루어질 수 있다는 의미이다.

이를 자녀교육에 접목시켜 보자. 지금까지 교육의 중심엔 누가 있었는가? 부모다. 지금도 변함없이 자녀교육 성공의 결정적 요소에 부모의 경제력과 정보력이 포함되는 것은 주지의 사실이다. 이는 교과 성적이 입시와 학습을 좌지우지했기 때문에 가능했던 결과다.

교과 성적을 상승시키기 위해 학교교육은 기본이고 더 잘 가르치는 학원과 명강사의 강의를 듣게 하면 이런 기회를 갖지 못하는 학생에 비해 성적이 올라갈 확률은 높아진다. 똑같이 주어지는 공교육의 기회에 경제력이 뒷받침되어야 가능한 사교육이 덧붙여짐으로써 외적 환경의 차이가 급속도로 벌어지기 시작한다. 이런 이유로 한국에서 가장 부유층이 많이 살고 학력 또한 가장 높은 강남3구(강남구, 서초구, 송파구)를 비롯한 전국의 몇몇 지역 학생들의 입시 독점은 수년째 변함없이 이어져오고 있다.

교과 성적은 다분히 수동성이 강하다. 너나할 것 없이 전국의 모든 학생들이 정해진 기일에 비슷한 내용의 시험을 치른다. 교과서 범위대로 열심히 공부하면 성적이 나온다. 전교 1등을 차지하기 위해 무한경쟁이 시작되며, 학생과 학교는 1등부터 꼴찌까지 서열화된다.

그러나 비교과는 다분히 능동성이 강하다. 정해진 범위, 정해진 기일, 정해진 문제의 난이도 및 유형 등에 맞춰 공부를 하고 성적을 올리는 성적 게임이 아니다. 비교과는 개개인마다 목표와 과정과 결과물이 다르다. 전국 한 학년 60만 명의 학생에게서 60만 개의 비교과 전략이 나와야 정상이다.

비교과는 스스로 목표, 규율, 범위, 기한 등을 정하고 자기방식대로 일정한 효과를 거둬야 한다. 부모가 등을 떠민다고 해서 결과물이 나오기는 힘들다. 아이 스스로 동기부여가 되어야 프로그램도 짤 수 있고 실적도 쌓을 수 있다. 따라서 비교과 시대에는 교육의 중심에 스스로 움직여 진화되어 가고자 하는 자녀가 있어야 가능하다.

부모가 원하는 자녀의 성적이나 직업은 일단 뒷전으로 미뤄두자. 그리고 미련 없이 부모의 자리였던 교육의 중심에 자녀를 앉히자. 주체와 객체가 달라지는 순간이다. 그리고 자녀가 무엇에 관심이 있는지, 무엇을 잘하는지를 유심히 살펴보자. 반드시 자녀의 눈빛을 순간 번뜩이게 만드는 그 무엇인가가 있을 것이다. 비교과 전략은 그 '무엇인가'라는 씨앗을 심는 것으로부터 시작된다.

◉

비교과 전략 3단계 : 자녀 탐색

공부 외에 무엇을 잘하는지 살펴라!　　　지금 부모 세대는 성적 입시 외에는 경험해 본 적이 없다. 일찌감치 유학을 경험해 본 극소수를 제외하고는 수능 혹은 학력고사 등의 대학입학시험과 내신으로 모든 것을 평가받으며, 그 성적순으로 진학을 했다. 따라서 지금까지 대다수의 부모는 자녀의 성적 외에는 특별히 관심을 쏟은 적이 없을 것이다.

그러나 시대는 변했다. 교과 성적만 평가하는 단순 평가제도로는 현대사회가 원하는 인재상을 길러낼 수 없다. 보다 창의적이고 능동적이고 도전적이며 세계를 볼 줄 아는 안목을 갖추고 있어야 한다. 또한 배려심과 이타심도 갖춘 진정한 리더가 바로 복잡한 현대사회를 이끌어갈 인재다. 이러한 인재를 길러내기 위해서는 좀 더 다면적인 평가를 할 수 있는 새로운 입시제도가 필요하다. 교과가 아닌 비교과를 중시하는 새로운 입시문화는 시대적 합의에서 나온 결과물이라고 볼 수 있다.

"중학교 1학년 아들의 수학·과학 성적이 상위 10% 이내예요. 꿈이 과학자인데, 이 성적으로 어떻게 과학고나 영재고에 들어가겠어요. 좀 더 공부를 열심히 해야 하는데, 요즘 축구에 미쳐서 매일 한 시간씩 땀을 뻘뻘 흘리며 운동을 하고 와요. 아무리 말려도 안 돼요. 과학고는 포기해야 할 것 같아요."

이렇게 말하며 한숨을 터뜨리는 D군의 엄마. 그러나 나는 D군이 건넨 자료를 보고는 '과학고든 영재고든 가능성이 있으니 염려놓으시라.'고 말했다.

D군은 자신의 넷북에 저장된 보고서를 나에게 보여주었는데 〈월드컵에 사용되었던 축구공의 비교 분석〉이라는 꽤 그럴듯한 제목의 소논문이었다. 4년마다 개최되는 월드컵에서 사용되었던 축구공이 나름대로 진화의 원리가 있음을 파악했고, 이를 사진과 근거 분석 자료 등을 제시하면서 정리한 글이었다. 나는 D군의 어머니에게 변해가는 입시환경에 대해 찬찬히 설명을 해주었다. D군의 어머니는 학교 측에서는 수학·과학 성적보다 이와 같

은 창의적인 자신의 체험이나 학습 결과물을 더 중요하게 평가한다는 말을 듣고는 이내 안심을 했다.

축구에 빠져 있는 D군에게 그 분야는 또 하나의 가능성이고 잘할 수 있는 영역이다. 축구라는 영역 속에서 D군이 정리해 낸 축구공의 역사는 중학생으로서는 보기 드문 사례이다. 공의 회전력과 형태의 변화, 공차기의 각도와 모양의 관계 등을 꽤 정밀하게 분석해 낸 자료를 보면서 교과 성적으로는 설명할 수 없는 재능과 열정을 엿볼 수 있었다.

부모가 D군의 관심사에 적극 지원을 해주면 좀 더 훌륭한 축구 관련 연구 성과가 나올 것이라는 확신이 들었다. 나는 이를 독서와 체험, 동아리 등으로 확산시켜 나가면서 비교과 영역으로 정리하면 훗날 고교 입시 혹은 대학 입시에 활용할 수 있는 훌륭한 포트폴리오가 될 것이라고 조언을 해주었다.

◉

비교과 전략 4단계 : 교과/비교과 나누기

초등학교 때부터 교과/비교과 나눠서 관리하라!　　비교과 전략은 언제부터 시작하는 것이 적당할까? 입시가 바뀌면서 초등학교 6년의 중요성이 점점 높아지고 있다. 초중고 12년 중에서 초등 6년이 차지하는 비중은 상당히 높다. 초6까지의 결과물이 중고등학교 성적을 좌우한다고 해도 과언이 아니다. 따라서 비교과 전략 역시 초등학교 때 시작하는 것이 좋다.

초등학교 시기는 인문계와 자연계를 구분하지 않은 상태이므로 통합적인 탐색기이다. 이 시기의 교과는 사실 큰 의미가 없다. 학교 내에서의 공부는 기본으로 습득하고, 심화학습은 개인적으로 이루어지는 것이 보통이다.

초등학교 저학년(1~2학년) 시기에 가장 중요한 교과 영역은 과학과 사회다. 과학과 영역은 각종 자연현상에 대한 궁금증을 해소하는 창구 역할을 하며, 창의력과 논리력, 사고력, 탐구력, 관찰력 등 학습능력의 기본을 터득하게 하는 대표 과목이다.

반면, 사회과는 인문사회현상에 대한 궁금증을 해소하는 창구 역할을 하며, 과학적 인지능력의 발달에 맞춰 사회현상의 기본원리에 대해 각 영역(법, 경제, 정치, 문화, 역사 등)의 기본을 터득함으로써 자연현상 외의 인간관계에서 형성되는 사회현상의 이해력을 높인다. 자연현상과 사회현상 제반에 대한 이해력과 배경지식을 초등학교 저학년 시기에 쌓아둔다면 그 후에 배우는 국영수사과 등의 학습능력은 엄청난 탄력을 받는다.

비교과 영역은 초등학교 시기에 다양하게 나타날 수 있다. 이 시기의 비교과 결과물은 어디까지나 과정이지 최종 결과물이 아니므로 비교과 전략은 단기 전략을 통한 단기 결과물이 여럿 나오는 것이 정상이다. 초등학교 시기의 관심사와 꿈은 수차례 바뀌며, 이는 자연스런 현상이다.

초등학교 4학년 때 아이가 만화 그리기에 몰입했다는 엄마의 이야기를 들어보자.

"아이가 다른 책은 30분도 지겨워하면서 만화책은 2~3시간 거뜬히 앉아서 보았어요. 한국사나 과학도 만화로 공부할 정도였지요. 만화책을 읽는 것만으로 끝나는 것이 아니라 종이만 있으면 그림을 그렸어요. 공부는 안 하고 만화만 그려대니까 아이 아빠가 종이만 보면 바로 쓰레기통에 갖다버렸어요. 싸우기도 많이 했어요. 아빠가 종이를 감추거나 버리면, 아이는 종이를 달라고 떼를 쓰고……."

엄마는 고민 끝에 나에게 상담을 해왔다. 나는 '아이의 관심 영역을 최대한 존중해 줘라. 1년 정도 지속된 만화 사랑은 곧 다른 방향으로 전환될 것이다.'라고 솔루션을 주었다. 엄마는 이를 충실히 따랐다. 아이에게 만화를 잘 그릴 수 있는 방법에 관련된 책을 사주었고, 만화박물관을 견학하기도 했다. 아이가 만화를 그릴 수 있는 스케치북과 미술도구, 색연필 등도 구입해 주었다.

아이는 주말에는 하루 종일 만화를 그렸고, 자신의 창작 스토리 만화도 10여 편쯤 만들었다. 그리고 1년이 지난 후 아이는 학교 친구들과 야구에 빠졌는데, 매일 야구를 하다시피하면서 만화에 대한 관심은 점차 멀어져갔다. 엄마는 솔루션대로 다시 야구를 중심으로 단기 포트폴리오 작업에 들어갔다. 야구를 중심에 두고 야구에 관련된 책, 행사 및 경기, 야구모임 결성, 국내 프로야구팀의 분석자료 만들기(각 팀의 장단점 분석), 각 팀의 브랜드 로고의 특징 등을 1년여에 걸쳐 정리하였다.

독서와 체험, 동아리, 봉사, 자기주도학습 등 비교과는 초등학교 시기의 관심사를 중심으로 2~3가지 유형을 만들어낼 수 있다. 이렇듯 자신의 관심사를 비교과 포트폴리오로 엮어내는 경험을 하면 중고생이 된 후에도 자신의 관심사에 자신감을 갖고 열정적으로 포트폴리오로 엮어내는 데 익숙해진다.

초등학교 시기의 관심사가 중고등학교 시기까지 지속적으로 이어진다면 이 시기의 포트폴리오는 가치가 천정부지로 뛰어오른다. 오랜 기간 지속해 온 전문성과 성실성을 학교 측에서는 높이 평가해 주기 때문이다. 초등학교의 비교과 과정은 일부 소수에 불과하지만 국제중 혹은 국제고등학교에 진학할 때 포트폴리오로 활용이 가능하다.

비교과 전략 5단계 : 꿈찾기

꿈을 못 찾는 것이 아니라 '안' 찾는 것이다! 꿈은 남녀노소 누구나 찾아가는 별과 같다. 지금의 부모 세대가 학창 시절에 과연 진정한 꿈을 가져본 적이 있는가. 우리 부모들은 매우 수동적이었고 제한적이었다. 부모가 보는 시야는 너무나 좁았다. 시험만 잘 보면 그게 꿈을 찾는 길이라고 사회적 합의가 이루어졌던 시절이다. 성적이 곧 꿈으로 통하던 시대를 살았다.

꿈을 찾아본 적이 없는 어른들이 자녀에게 꿈을 찾으라고 말하기는 힘들다. 해본 적이 없으니까. 수학 우등생이었던 부모는 수학 시험에서 멘토 역할을 해줄 수는 있겠지만 '꿈 찾기'에서 부모가 무엇인가를 해주기는 힘들다. 아직도 여전히 과거 입시 풍토를 떠올리는 많은 부모들은 꿈 찾기는 시간 낭비라고 생각할 수도 있다. 그 시간에 국영수를 한 문제라도 더 풀어야 하지 않겠는가라고 불안해할 수도 있다.

그러나 지금은 대학만 나오면 어서 오란 듯이 직장이 마련되어 있던 부모 세대와는 다르다. 대학 출신의 절반만 취업하는 것이 오늘의 현실이다. 자신의 꿈과 진로에 맞춰 학과를 정하고 그 다음 학교를 정하는 것이 제대로 된 순서다. 점수가 부족하다면 학과가 아니라 학교를 바꿔야 한다. 자신이 하고 싶은 공부를 열심히 하고 자기 능력을 최대한 발현시켜야 창의적이고 개성적인 인재를 요구하는 현대의 흐름에 발맞춰 살아갈 수 있다.

자신이 어떤 학과를 전공하고 어떠한 직업을 통해 자신의 꿈과 재능을 키우고 싶은지에 대한 비전을 스스로 세울 줄 알아야 하며, 이러한 능력은 누구에게나 있다. 단지 우리가 그동안 찾지 않아서 그 방법과 시기를 모를 뿐이다. 지금이라도 당장 자신의 꿈과 비전에 대해 진지한 고민을 해보자.

진로적성 찾기, 언제부터 어떻게 할까?

입학사정관제, 자기주도학습 등이 교육과 입시의 화두로 떠오르면서 진로적성과 관련된 관심이 부쩍 높아지고 있다. 성적만으로 개인의 능력을 평가하고, 상급학교와 학과에 지망하던 과거 입시제도와는 달리 교과와 더불어 비교과활동까지 개인의 능력을 평가하는 척도로 활용하는 시대로 전환하고 있는 시점이다. 따라서 자신이 무엇을 잘하고 무엇을 하고 싶어하는지를 알아보는 진로적성 찾기가 더욱 중요할 수밖에 없다.

진로적성검사, 언제부터 해야 할까?

진로적성검사는 과학적인 누적 데이터를 활용해 개인의 적성과 진로를 평가해주는 시스템이다. 홀랜드 적성검사를 비롯해 다양한 평가 시스템이 도입되어 있는데, 정확도는 엇비슷하다. 진로적성검사는 질문지에 답을 하고 그 답에 따라 개인의 진로발달 성숙도와 적성, 적합한 직업 등의 진로 관련 정보를 알려준다.

적성검사는 보통 초등 4학년 이상부터 하는 것이 좋은데, 그 이유는 이 시기가 되면 자신을 비교적 객관화시킬 수 있기 때문이다. 또한 '무엇을 하고 싶은가? 무엇을 잘할 수 있는가? 나에게 알맞은 직업은 무엇일까?' 등 자신의 진로에 대한 궁금증이 왕성하게 생겨나는 시기이다. 초등학교 4학년 이후부터 중·고등학교에 이르기까지 각각 1회씩 3회 정도 검사를 하면 진로탐색에 도움이 된다.

최근 각종 적성검사들은 과학적인 데이터에 근거한 시스템이기 때문에 비교적 정확도가 높다. 초·중·고 등 학령기의 학생들은 한창 인성과 가치관, 세계관 등이 발달하는 시기라 간혹 검사할 때마다 결과가 다르게 나오기도 한다. 학년이 올라갈수록 검사 결과가 비교적 일관성을 가지며 변동의 폭이 줄어든다.

특목고나 자사고를 진학 목표로 하는 상위권 학생들이라면 고등학교 입시에 맞춰 진로적성검사를 해야 하기 때문에 초등 고학년 혹은 중학교에 진학한 후 바로 적성검사를 통해 비교적 확실하게 진로 방향을 모색하는 것이 유리하다. 최근 고교 입시 과정에서 인문계, 자연계, 국제계 등 계열별로 모집하기 때문이다. 상위권 고등학교를 목표로 한다면 대부분 초등학교 고학년부터 준비하기 때문에 아무리 늦어도 중학에 진학한 후에는 계열을 정하고 로드맵을 잡아서 차근차근 준비해 나가야 성공률을 높일 수 있다.

적성검사 무료 사이트

- 에듀팟(http://www.edupot.go.kr/) – 창의적재량활동, 적성검사, 중등~고등/교육과학기술부
- 커리어넷(www.careernet.re.kr) – 직업사전, 적성 유형별 직업 검색 가능, 적성검사, 진로상담, 초등~일반/한국직업능력개발원
- 유스 워크넷(www.work.go.kr/youth/) – 나에게 맞는 직업 검색, 다양한 직업 이야기 제공, 초중고/고용노동부

적성검사 어떻게 활용할까?

　적성검사가 필요하고 결과가 비교적 과학적이라고 해서 검사 결과에 모든 것을 의존하는 태도는 옳지 않다. 검사지에 해당 직업군이 '교사나 교수'로 나왔다고 해서 그 직업을 자신의 꿈으로 정하는 것은 위험한 발상이다. 적성검사 결과는 참고 자료로 활용하면 된다. '아, 그렇구나!' 정도면 된다는 것이다.

　진로적성에 무관심한 학생의 경우, 검사 결과지는 비교적 효과가 큰 편이다. 오리무중 속에서 그래도 자신의 적성이 인문계인지 자연계인지 정도는 알 수 있고, 적합한 직업군을 파악할 수 있기 때문에 진로에 대한 관심을 부쩍 높여주는 효과가 있다.

　반대로 진로적성에 관심이 많아 일찌감치 자신의 꿈 찾기를 부지런히 한 학생이라면 검사 결과가 비슷한 방향으로 나왔을 때 한층 진로탐색의 열정에 불을 당길 수 있다. 즉 자신이 미래에 하고 싶은 일에 관련된 잠재된 능력과 열정을 확인하거나 확신을 갖게 만드는 진로 동기부여의 역할을 적성검사가 해준다.

　이런 경우도 있다. 막연히 수학을 잘하니까 적성이 이과 쪽일 것이라고 생각해서 수학과 과학에 비중을 높여 공부하려고 계획했는데 적성검사에서 인문계열 쪽 적성이 높게 나와 방향을 완전히 바꾸어야 했다. 수학은 문과와 이과를 나누는 결정적인 과목이 아니기 때문에 부정확한 정보로 개인의 적성을 판단하여 진로지도를 하면 종종 돌이킬 수 없는 오류를 범하기도 한다.

　따라서 우리 아이가 어떤 영역에 재능과 관심이 있는지 잘 모를 때는 자신이 보고 느낀 막연한 정보에 맞춰 판단하기보다는 적성검사를 받고 판단하는 것이 시행착오를 줄이는 방법이다.

진로 찾기를 도와주는 방법

진로적성을 탐색하기 위한 방법으로 과학적인 데이터를 활용하는 방법도 좋지만, 이것은 그야말로 통계에 근거한 자료일 뿐이다. 자신의 잠재된 능력을 찾아나가는 일은 스스로 하는 것이 가장 정확하다.

'나'에 대한 탐색을 도와 진로발달 성숙도를 높이는 효과적인 몇 가지 방법을 소개한다.

1. 위인전 읽기   위인전은 세계의 위인들이 어떻게 자신의 재능을 발전시켜 나갔는지에 대해 구체적이고 다양한 이력을 기록한 책이다. 따라서 위인들이 남겼던 족적을 통해 다양한 삶의 양식과 더불어 직업의 세계를 엿볼 수 있으며 현재 자신의 삶과 접목시켜 보고 반추해 보는 경험을 맛보게 해준다.

2. 직업 관련 도서 읽기   최근 진로적성에 대한 관심이 높아지면서 다양한 직업 관련 책들이 판매되고 있다. 자신이 무엇을 하고 싶고 무엇을 잘한다고 생각해도 이것이 직업과 연결되지 않으면 진로탐색이 구체화되기 어렵다. 잘 알려진 직업부터 최신 유망 트렌드 직업까지 무슨 일을 하는지, 앞으로의 전망 등을 알면 평소 막연했던 꿈을 구체화시키는 데 도움이 된다.

3. 자신의 관심사 관련 포트폴리오 만들기   초·중·고 학생 모두에게 해당되는 방법이다. 자신이 원하는 분야와 직종까지 구체화시키는 일은 쉽지 않다. 자신과 주변 상황에 대한 정확한 이해가 뒷받침되어야 한다. 아무리 생각해도 잘 모를 때는 우선 '지금 이 시간, 내가 가장 하고 싶어하는 일이 무엇인가?'부터 시작하는 것이 좋다.

중학교 2학년 A군의 예를 들어보자. (초등학교 6학년부터 중학교 2학년 현재까지 진로를 탐색하는 과정이다.)

A군은 컴퓨터 게임이 가장 하고 싶고, 가장 잘하는 일이라고 생각한다. 그래서 A군은 게임과 관련된 책을 많이 읽는다. 게임의 기본이론과 게임 창시자들의 일대기, 게임사업의 전망을 알려주는 책, 프로그래머에 관련된 책을 읽는다. 관심사를 독서와 연관시켜 배경지식을 넓히는 것이다.

A군은 정기적으로 열리는 게임대회에 친구들과 단체로 참가한다는 계획을 세웠고, 자신이 만든 게임 시나리오 작업도 병행을 한다. A군은 게임산업에 굉장한 흥미를 느끼는 자신을 발견한 이후 게임업계에 진출하기 위해 경영학을 전공하기로 결심한다.

경영학은 인문계열에서 최상위권 학생들이 지망하는 학과라 현재 국영수사과 상위 15%의 내신으로는 역부족이라고 생각하여 중학교 3학년까지 상위 5%까지 끌어올리겠다는 계획을 세운다. A군은 게임 관련 관심으로부터 시작해 경영학이라는 희망학과와 직업까지 구체화시킬 수 있었다. 자연스럽게 성적 목표까지도 생겼다.

A군처럼 자기주도적으로 진로적성을 탐색하고 포트폴리오를 만들어 나가는 것이 가장 좋은 방법이다.

4. 자기소개서 매년 1회 작성하기 최근엔 자기소개서가 입시의 필수항목이 되었다. 그만큼 평가 비중도 높아지고 있다. '해당학과에 지망한 이유', '자신의 장점과 단점 분석', '독서활동' 등의 항목으로 구성된 자기소개서는 현재의 자신을 자연스럽게 분석하고 정리하는 데 도움이 된다.

자신이 목표로 하는 학교라면 더욱 좋지만, 상급학교라면 어느 학교 것이든 상관없다. 자기소개서를 출력해 스스로 매년 1회 정기적으로 작성해 보자. 자기소개서를 연차별로 비교하면 자신의 변화된 모습을 일목요연하게 살펴볼 수 있는 장점도 있다.

◉

비교과 전략 6단계 : 꿈 중심의 교과/비교과 전략 짜기

꿈은 교과와 비교과라는 열매로 주렁주렁 열린다! 자녀가 자신의

진로에 대한 윤곽을 어느 정도 잡았다면, 이젠 교과와 비교과 전략을 수립해

야 한다. 이러한 전략을 수립하면 대부분 구체적인 동기부여가 생겨 추진력

에 가속도가 붙는다.

중학교 2학년 A양의 사례를 들어보자.

A양의 성적은 중하위권. 주요 과목은 석차백분율 상위 50~60%였고, 무

엇 하나 잘하는 과목이 없었다. 특히 입시에서 가장 중요한 수학은 거의 상

위 70% 수준이었다. A양은 시간이 지날수록 점점 자신감을 잃어갔다. 자신

의 이러한 성적으로는 고등학교도 겨우 진학할 수 있을 뿐 대입은 힘들지도

모른다는 불안감까지 겹쳐왔다.

A양은 엄마에게 부탁해 나를 찾아오기에 이르렀다. 나는 A양의 처진 어

깨를 다독여주면서 상담을 시작했다. 진로적성검사 결과 A양은 자연계열에

가까웠고, 자신의 꿈은 '로봇 전문가'였다. 학교 성적 외에 A양의 꿈에 대해

서는 생각해 본 적이 없는 엄마는 흠칫 놀라는 표정이었다.

"일본에서 쓰나미 이후 원전에 로봇을 투입해 작업한다는 기사가 신문에

실린 것을 보고 아주 위험한 곳에 로봇이 투입될 수 있다면 좋은 일이라고

생각했어요. 따라서 깊은 바닷속, 공기와 중력이 없는 우주의 행성탐사에도

로봇을 활용하고, 사람들이 직접 하기 힘든 가사일이나 치매노인을 돌보는

일도 사람이 아닌 로봇이 해줄 수 있다면 좋겠다는 생각을 했어요."

A양은 로봇에 관심을 갖게 된 동기를 제법 의젓하게 말했다.

그 후 A양은 교과/비교과 전략을 이렇게 수립했다.

• **꿈 : 로봇 전문가**

목표학교 : 1차 일반 인문계 고등학교 중 과학중점학교 우선지원/1차 추첨 후 배정되는 인문계 고등학교 진학-대학 학과 : 로봇시스템학과, 로봇학과, 제어계측공학과(대학보다는 역사와 전통이 깊은 로봇 관련 학과와 교수를 찾아갈 생각)

• **교과 전략 :** 수학과 과학 성적은 상위 30%부터 시작해 중학교 졸업 전까지 10% 이내로 순차적으로 끌어올리기. 영어는 학교 영어 성적 상위 20% 이내로 끌어올리고, NEAT 대비 영어 공부 열심히 하기(영어 원서를 읽어야 할 일이 많다고 해서).

• **비교과 전략 :** 체험-광운대학교 로봇축구대회 관람/포항공대 로봇체험관 관람/학교 로봇동아리 가입/로봇의 역사, 해양로봇의 미래 등에 관한 책을 읽고 독서록 작성/로봇 관련 전문 과학잡지 구독/포항공대 로봇 전문 교수님을 멘토로 정해 수시로 이메일을 주고받을 예정(먼 친척의 소개로 연결되었음)/방학 중 카이스트 과학탐험교실 참가/주말마다 과학관에서 이루어지는 과학세미나에 참여(월 평균 2회)하고 보고서 작성…….

A양은 자신의 교과/비교과 계획표를 작성한 후 이렇게 말했다.

"이전까지 저는 공부 못하는 평범한 아이라는 생각에 자신감이 없었어요. 학년이 올라갈수록 점차 더 위축되어 갔지요. 그런데 내가 좋아하는 분야를 멋지게 펼쳐나갈 수 있고, 무엇보다 엄마가 기꺼이 동참하신다는 게 너무 기뻐요. 목표가 확실해지니까 공부도 훨씬 잘돼요. 꿈이 있고, 그 꿈을 이뤄

나간다고 생각하니까 뭐든지 할 수 있을 것 같아요.”

실제로 A양은 상담 후 2개월 뒤에 치른 기말고사에서 눈에 띄게 성적이 향상되어 목표를 향해 열심히 나아가고 있다.

비교과 전략 7단계 : 예체능을 계속 해야 돼?

예체능 영역은 예쁜 포장지와 같은 역할을 한다!　　　　　얼마 전 흥미로운 교육 기사를 읽은 적이 있다. 미국의 명문 보딩스쿨이었는데, 아이스하키대회에서 우승한 학생을 그 이력으로 합격시켰다는 기사였다. 아이스하키를 시작하여 그 분야의 실력자가 되고, 게다가 주장으로 활동하면서 리더십까지 갖췄다는 학생의 이력에서 학교 측은 많은 것을 읽었던 것이다.

극과 극은 통한다고, 공부를 잘하는 것과 특정 스포츠의 최고 승자가 되는 것과는 맥을 같이하는 요소들이 많다. 인내력, 자기관리 능력, 리더십, 창의력, 사회성, 인성 등의 다면적 요소들을 학교 측에서는 간접적으로 읽고 후한 평가를 주었을 것이다.

예체능 분야에서 어느 한 영역을 지속적으로 유지하여 일정 수준까지 끌어올리는 능력은 새로운 입시제도에서는 매우 중요하다(예체능 영역에 투자하는 비용이 전체 사교육비의 20%에 달한다는 통계자료를 본 적이 있다. 예체능을 전공하고자 하는 학생을 제외한다면 대부분 초등학교 때 투자하는 사교육 비용이라고 여겨진다. 전공할 것이 아닌데도 예체능에 시간과 돈을 중학교 진학 후까지 투자하는 학생은 거의 없으므로).

학생부의 평가란에 ‘마라톤에 관심과 재능이 많음. ○○회 세계마라톤대회, K대 4.19기념 하프마라톤, D신문사 주최 전국마라톤대회 등에 중학교 때부터 꾸준히 참가해 완주함. 고등학교 1학년 때 서울시 주최 청소년마라 톤대회에 참가하여 은상 수상'의 기록이 있다고 하자. 학생의 교과 성적은 상위 30% 내외. 상위 5% 내외의 우등생인데 비교과 영역은 거의 기록이 없는 학생의 학생부와 비교 검토했을 때 상급학교에서는 어느 학생에게 후한 점수를 주겠는가.

예체능 영역은 개인의 다양한 측면의 능력을 간접 평가할 수 있는 요소이다. 재능이 뛰어나고 지속적일수록 아무도 따라올 수 없는 개인의 가치와 색깔로 자리매김하기 때문에 되도록 어릴 때부터 한 가지 이상의 분야를 꾸준히 연습해서 일정 수준 이상으로 끌어올리는 것이 좋다. 또한 이를 동아리나 체험, 봉사 등의 영역으로 확산시켜 나가면 비교과를 효과적으로 관리할수 있다.

"나는 초등학교 3학년 때 서울청소년리코더합주단에 입단하며 두각을 드러냈다. 리코더 연주로 2003년부터 2006년까지 전국아동음악경연대회 등 각종 콩쿠르를 휩쓸었다. 중학교 1학년 때는 예술영재를 발굴하는 한국예술종합학교 예비학교에 실기 1등으로 입학해 음악의 기본기를 다졌다. 5학년 때는 국악으로 관심이 옮겨가 장구를 시작하며 학교 풍물패에 들어갔다. 남들보다 먼저 등교해 여름엔 소금물을 마시며 연습한 결과 나의 장구 실력은 학교와 학부모 사이에 소문이 날 정도였다."

이렇게 말하는 고교생의 꿈은 음악가가 아닌 의사다. 의사 지망생의 스펙이라고는 상상도 못했을 것이다. 그러나 초등학교 때부터 시작한 다양한 음악활동은 상급학교 관계자들에게는 '풍부한 창의적 감수성, 사회성, 자기관리 능력' 등을 간접적으로 증명하는 결과물로 인식된다. '음악가 의사'가 그

냥 의사보다는 치료할 잘할 것 같고 더 따뜻하게 치료해 줄 것 같은 느낌이
드는 것과 같은 이치일 것이다.

대학 입시, 예체능 활동 가산점

교육과학기술부는 주5일제 시대를 맞이해 다양한 '토요 예체능 활동 프로그램'
을 마련했다. 오케스트라, 문화 예술 인사 특강, 실습, 단체 경기 등의 활성화 방안
을 속속 마련하고 있다. 더불어 문화부, 국토부, 여가부, 복지부 등을 통해 다양한
토요프로그램을 진행할 계획이다.

최근 서강대학교는 2013학년도 입학사정관 전형 평가에 예술·체육 체험활동을
반영할 계획이라고 밝혔다. 즉 지원자는 자기소개서에 예술과 체육 관련 체험활동
을 기술하게 된다. 교육 당국에서 확대 지원하는 만큼, 향후 서강대 외에 타 대학에
서도 예체능 관련 가산점 제도가 마련될 전망이다.

비교과 프로그램을 보고 학교를 선택하라!

학교의 다양화 시대가 열렸다. 추첨해서 배정받은 학교에 가야 하는 수동적 입장이 아니라 여러 유형의 학교 중에서 자신이 처한 상황에 맞는 학교를 선택할 수 있는 시대가 도래했다.

대학은 물론이고 고등학교도 매우 다양해졌다. 각종 특수한 목적의 특목고와 영재학교, 자율형사립고 등 상위권의 인문계 고등학교를 비롯해 실업계열의 마이스터고교, 특성화고교 등 다양한 프로그램을 갖춘 학교들이 생겼다. 최근엔 여기에 더해 국제학교가 핫 트렌드로 떠오르고 있다. 제주도와 대구, 인천 지역에 조성된 교육특구에 미국과 영국, 캐나다 등의 공립과 사립 국제학교가 통째로 수입 운영되고 있다. 즉 학교의 수입품 시대가 열린 것이다.

각기 처한 환경에 맞게끔 고등학교를 선택하게 되는데, 여기서 주목할 여러 가지 요소 중 비교과 프로그램이 있다. 2011년부터 일반 인문계 고등학교에서 학교장 재량으로 전체 이수 시간 중 20%를 자유로이 활용할 수 있다. 따라서 다양한 비교과 활동의 시간 배정이 가능하다. 그러나 대부분의 학교에서는 아직도 국영수 중심의 교과목 수업 시간으로 충당하는 실정이다.

비교과 프로그램은 일찌감치 유학반 등을 운영하면서 미국의 대학 입시를 겨냥한 입학사정관제 준비에 비교적 익숙한 특목고 및 자사고에서는 활성화되어 있다. 한 학년의 정원이 150여 명에 불과한 민족사관고는 동아리만 무려 100여 개가 넘고 수십 개가 넘는 다양한 스터디 그룹이 활발하게 움직이고 있다. 일반 인문계 고교 중에서도 동아리 및 스터디, 체험활동 등의 비교과 프로그램에 적극적인 학교들이 있으므로 학교 설명회 등을 통해 학교별로 비교 검색할 필요가 있다.

◉

비교과 전략 8단계 : 비교과 우등생

교과만 우수한 학생은 참 없어 보이는 시대! 우리 부모들은 교과에 올인하며 중고등학교 학창 시절을 보냈다. 지금 생각해 보면 모든 것이 꽉 막혀 있는 듯한 학창 시절이었고, 당시 서로 '참 불쌍한 청춘이다.'라고 혀를 내둘렀던 적이 있으리라. 공부만 잘해서 팽글팽글 돌아가는 돗수 높은 안경 낀 아이가 최고의 대접을 받았던 그 시대. 공부 잘하는 아이가 모범상, 효행상까지 휩쓸어가던 시대.

그러나 현대사회는 공부만 잘하는 인재를 원하지 않는다. 공부와 더불어 창의력, 배려심, 도전정신, 자기만의 색깔, 유창한 외국어 실력, 대인관계 등을 공부만큼 중요하게 평가하며, 이러한 면들을 두루 평가하는 다면적 평가 시대이다. 이미 우리의 아이들은 학교에서 공부만 잘하는 아이를 최고로 인정해 주지 않는다. 골프를 잘하는 아이처럼 여러 가지 영역 중에서 공부를 잘하는 아이로 평가해 줄 뿐이다.

상담과정에서 학생들의 생활기록부나 자기소개서 등을 살펴보면 공부는 1등인데 개성이 없다는 느낌이 드는 포트폴리오는 왠지 경쟁력과 가능성이 약하다는 생각이 든다. 상대적으로 공부는 10등인데 예체능에서도 독보적인 분야가 있고, 체험활동도 구체적인 목표를 향해 다양하게 해온 학생들은 그와 반대로 경쟁력과 가능성이 돋보인다.

공부만 잘하는 아이의 시대는 갔다. 자기만의 색깔이 오롯이 돋아난 비교과를 키워야 '있어 보이는 아이'로 인정해 준다.

◉

비교과 전략 9단계 : 비교과와 사교육의 관계 정립

비교과를 사교육에 의존하는 촌스러움은 버려라! 최근 모 일간지에 '강남3구, 양천 포진 입학사정관제는 사교육 전형'이라는 제목의 기사가 게재되었다. 서울대 진학률은 물론 입학사정관 전형 합격률은 매년 강남3구가 가장 높았으며, 2011년 서울대 진학률은 강남구가 서울대 전체 합격자의 23.3%를 차지해 전국 최고였다. 이 기사에 게재된 입학사정관 전형의 강남구 통계도 이와 비슷한 수치(133명 중 30명)로 집계되었는데, 입학사정관제가 강남권 등에 쏠려 사교육에 의존하는 입시제도인 듯 몰아가는 자극적인 제목은 마치 눈길을 끌기 위해 핫팬츠를 입고 선정적인 춤을 추는 연예인을 보는 듯하다.

강남권이 교육특구로 떠오른 지는 이미 오래 전 일이고, 주요 대학 진학 실적이나 평균 학력 통계 등의 입시와 학습 관련 통계자료에서도 전국 최고라는 점은 주지의 사실이다. 입학사정관제는 과거 입시제도의 각종 폐단(사교육 심화, 성적으로 줄세우기, 구시대적 관습 등)으로 새로운 입시제도가 필요하다는 시대적 합의에 의해 실행 6년 차에 접어든 새로운 제도이다.

교과 성적만으로 인재여부를 평가하는 것이 아니라 비교과까지 합산해 다면적 평가를 통해 당락을 좌우한다는 취지의 제도가 입학사정관제의 핵심이다. 이는 시대의 대세이며 성적 위주의 입시에 비해 현대사회가 필요로 하는 인재상에 가까운 업그레이드된 선진적 제도임에는 이견이 없으리라 생각한다.

내가 참으로 안타깝게 생각하는 것은 의도성이 다분히 드러나는 사회 이분론적 포퓰리즘으로 여겨지는 언론의 보도이다(포털 사이트에 종일 메인기사로 떠 있었음). 이로 인해 입학사정관제의 안착이 조금이라도 더뎌지거나, 그

본색이 흐려지지 않을까 염려된다.

교육정책이 정치논리로 너무 가볍게 이용당하는 현실 속에서 참담한 기분을 느꼈던 적이 한두 번이 아니다. 하루가 지나면 바뀌고 또 바뀌는, 관심도는 높고 손대기는 쉽다고 여겨 정치인들의 장난감처럼 다뤄지는 교육이라는 영역에 언론까지도 관심을 끌어 판매 부수를 올리고자 자극적인 포퓰리즘을 동원해서야 되겠는가 말이다.

이러한 언론 양심이라면 내 생각에 정작 기사를 쓴 본인도 강남권으로 어떻게 이사올 수 없을까 하고 기웃거릴 소지가 다분하다고 본다. 아주 양심적이지 못하기 때문이다. 언론인으로서 좀 더 합리적인 논거가 분명한 기사를 쓸 수는 없었을까? 그런 이성적인 기사 한 줄이 강남 특구의 문제를 조금이라도 해결해 줄 열쇠를 제공해 준다는 사실을 그들은 정말 모르는 것일까?

입학사정관 전형이 제대로 안착된다면 대부분의 사교육은 거추장스러운 걸림돌이 될 뿐이다. 왜냐하면 나 아닌 타인의 손길로 인해 자연스러움이 훼손되고 색깔이 불분명해지는 결과를 낳을 수 있기 때문이다. 자기소개서를 누가 써주겠는가. 봉사활동을 누가 대신 해주고 시간만 채워주겠는가. 그렇다 한들 그것이 무슨 의미가 있겠는가. 그런 정도의 허술한 포트폴리오가 상위권 대학의 입학사정관들에게 과연 설득력이 있으리라 생각하는가.

비교과의 중심엔 '학생=자녀'가 있어야 하고, 스스로 움직여서 자가 발전시켜 나가야 원래의 의미가 살아난다. 또한 그러한 역동성이 소박하지만 입학사정관을 감동시킨다는 사실을 되새겨야 한다. 입학사정관 전형에서 특정 지역 학생들의 합격률이 높게 나타난 것은 사교육 탓이 아니라 정보력에서 앞선 부모와 학생, 학교가 한 발 먼저 움직였기 때문이다.

비교과 전략 10단계 : 즐기는 자를 이기지 못하리니

비교과를 즐겨라! 열심히 일하는 자가 즐기는 자를 이기지 못한다는 말의 이치와 같다. 비교과 역시 마찬가지다. 비교과 영역은 교과 영역과는 달리 능동성이 제1 원칙이다. 교과가 해야 하니까 할 수 없이 매달려야 하는 수동성이 강하다면, 비교과는 반대로 수동성으로는 굴러가지 못한다. 굴러간다고 해도 결과물이 훌륭하지 못하다. 그러니까 열심히 한다고 해서 되는 것이 아니라는 말이다.

비교과는 능동성을 전제로 하기 때문에 학습의 주체인 학생은 그 과정이 재밌고 흥미롭다. 자신이 새로운 체험 한 가지를 보탤 때마다 가슴이 설렌다. 새로운 영역으로 지식이 넓혀질 때마다 가슴이 뿌듯하다. 자신의 관심사와 진로를 향한 흥미는 스스로 길을 만들게 한다. 새로운 정보를 지속적으로 탐색하고, 정리하고 기쁘게 참여한다.

처음 비교과를 시작할 때는 부모와 교사, 선배, 사교육업자 등의 도움이 어느 정도 필요할 수도 있다. 그러나 제대로 자신의 길과 목표를 찾은 학생은 누가 굴려줄 필요가 없다. 기꺼이 자신이 움직여 굴러가므로 즐겁게 활동에 임한다.

만약 비교과 전략을 수행 중인데, 아직도 부모가 혹은 교사가 일일이 정보를 알려주고 일정을 체크해 주고 학생의 참석여부, 해야 할 일 등을 수시로 단속해야 하는 상황이라면 당장 그만두기를 제안한다. 그렇게 끌고 가서 이런저런 비교과 결과물을 챙겨봐야 아무런 소용이 없기 때문이다.

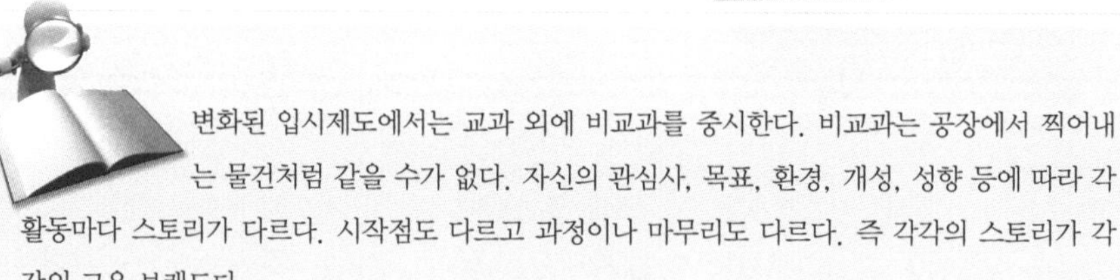

변화된 입시제도에서는 교과 외에 비교과를 중시한다. 비교과는 공장에서 찍어내는 물건처럼 같을 수가 없다. 자신의 관심사, 목표, 환경, 개성, 성향 등에 따라 각 활동마다 스토리가 다르다. 시작점도 다르고 과정이나 마무리도 다르다. 즉 각각의 스토리가 각각의 고유 브랜드다.

04

주말활동 비교과 X파일

비교과, 다른 친구들은 어떻게 하고 있을까?

비교과는 크게 자율활동, 진로활동, 동아리활동, 봉사활동, 방과후학교활동 등으로 나뉜다. 각각의 활동은 학생 개개인의 비전과 개성, 학습능력과 취향 등에 따라 그 내용이 모두 다르다. 그러나 학생들을 성적으로 서열화시키면 국어 전국 몇 등, 상위 몇 %로 두부 썰듯 자를 수 있었다. 즉 아이가 획득한 성적이 모든 능력을 대변해 줄 때는 학생 모두 결과물이 '성적'으로 통일되었다.

그러나 변화된 입시제도에서는 교과 외에 비교과를 중시한다. 비교과는 공장에서 찍어내는 물건처럼 같을 수가 없다. 자신의 관심사, 목표, 환경, 개성, 성향 등에 따라 각 활동마다 스토리가 다르다. 시작점도 다르고 과정이나 마무리도 다르다. 즉 각각의 스토리가 각각의 고유 브랜드다.

다음의 다양한 영역별 사례를 통해 각각의 활동을 어떻게 진행하고 있는지 비교과 활동 사례를 들여다보자.

* 각 사례마다 전문가의 의견을 제시했다.
* 여기에 소개하는 사례는 내게 상담을 요청해 온 개인 사례 혹은 교과부 및 언론 매체에 소개된 사례들이다.

◉

진로활동 : 29개 활동 사례 & 에듀팟 가이드

• 진로활동이란?

· 개인이 자신의 특성, 소질과 적성, 능력 등을 이해하고 이를 바탕으로 자신의 정체성을 확립함으로써 진로를 계획하고 준비하며, 적절한 시기에 진로를 탐색하고 선택할 수 있도록 도와주는 모든 활동을 말한다.

• 기록방법

· 진로상담활동은 진로, 학습, 친구관계, 가정문제, 기타로 분류된 주제 영역을 선택하여 상담결과를 진솔하게 기록한다.

· 진로탐색 · 진로체험활동은 학교의 행사 계획 또는 개인의 계획에 의해 활동한 내용을 기록한다.

· 자격증 및 인증취득활동은 기술자격증 사항을 기록한다.

※ 항목명이 자격증 및 인증취득활동이지만 고등학생 대상 기술자격증 사항만 기록함(추후 학교생활기록부의 '자격증 및 인증취득' 항목이 변경되면 명칭 변경 예정).

• **기록내용**

· 진로상담활동은 상담의 동기와 내용, 소감 등을 기록한다.

· 진로탐색 · 진로체험활동은 학교정보 탐색 및 상급학교 · 회사 방문, 직
  업훈련, 박람회 견학을 통한 직업세계의 이해와 직업체험활동 등 자기
  이해활동 내용, 진로정보 탐색활동, 진로계획 및 체험활동을 기록한다.

· 자격증 및 인증취득활동은 자격증을 취득하게 된 동기 또는 목적, 자격
  증을 취득하는 과정에서 배운 점과 느낀 점 등을 기록한다.

• **유의사항**

· 개인의 계획에 의한 진로탐색 · 진로체험활동은 학교장이 허가한 활동
  이어야 입력이 가능하다. 따라서 사전 계획서 및 사후 보고서 등을 담임
  선생님에게 제출해 승인을 받은 후 활동해야 한다.

· 자격증 및 인증취득은 고등학교 학생들을 대상으로 한 기술자격증으로
  제한한다.

학교생활기록부에 입력 가능한 기술 자격증 – 고등학생만 해당

자신의 관심사 및 희망 전공 관련 자격증을 취득하면 훨씬 쟁쟁한 스펙이 된다. 아래 해당사항이 있는 자격증을 선택해 취득하되 고2까지 취득을 완료해야 입시 준비에 무리가 없다.

소관부처	자격종목	등급	자격관리자	공인기관(기공인기간)
방송통신위원회	공무원정보이용능력평가(NIT)	–	(사)한국정보통신진흥협회	09.02.17~13.02.16 (03.02.17~09.02.16)
	네트워크관리사	2급	(사)한국정보통신자격협회	12.01.20~16.01.19 (02.01.11~12.01.19)
	디지털정보활용능력(DIAT)	초, 중, 고급	(사)한국정보통신자격협회	09.02.17~13.02.16 (03.02.17~09.02.16)
	리눅스마스터	1, 2급	(사)한국정보통신자격협회	11.01.15~15.01.14 (05.01.15~11.01.14)
	인터넷정보관리사	전문가, 1, 2급	(사)한국정보통신자격협회	11.02.17~15.02.16 (01.01.12~11.02.16)
	정보기술자격(ITQ)시험	A, B, C급	한국생산성본부	12.01.20~16.01.19 (02.01.11~12.01.19)
	e-Test Professionals	1, 2, 3, 4급	(주)삼성SDS	11.02.17~15.02.16 (01.01.12~11.02.16)
	PC Master(정비사)	–	(사)한국정보평가협회	12.02.23~16.02.22 (06.02.23~12.02.22)
	PC 정비사	1, 2급	(사)한국정보통신자격협회	11.01.15~15.01.14 (05.01.15~11.01.14)
	PC활용능력평가시험(PCT)	A, B급	(주)피씨티	11.02.17~15.02.16 (01.01.12~11.02.16)

소관부처	자격종목	등급	자격관리자	공인기관(기공인기간)
금융위원회	신용관리사	–	(사)신용정보협회	08.02.15~13.02.14 (06.02.15~08.02.14)
	신용분석사	–	(사)한국금융연수원	10.01.20~15.01.19 (01.01.20~10.01.19)
	여신심사역	–	(사)한국금융연수원	10.01.20~15.01.19 (01.01.20~10.01.19)
	자산관리사	–	(사)한국금융연수원	11.01.05~16.01.04 (05.01.05~11.01.04)
	재경관리사	–	삼일회계법인	10.04.01~15.03.31) (07.04.01~10.03.31)
	회계관리	1, 2급	삼일회계법인	10.04.01~15.03.31 (07.04.01~10.03.31)
	CRA(신용위험분석사)	–	(사)한국금융연수원	08.02.15~13.02.14 (06.02.15~08.02.14)
기획재정부	국제금융역	–	(사)한국금융연수원	10.01.20~15.01.19 (01.01.20~10.01.19)
	경제이해력검증시험 (TESAT)	S, 1, 2, 3급	한국경제신문사	10.11.10~13.11.09
	외환전문역	1, 2종	(사)한국금융연수원	10.12.01~15.11.30
	경제경영이해력인증시험매경TEST	최우수, 우수	매일경제신문사	10.12.22~13.12.21
교육과학기술부	브레인트레이너	–	국제뇌교육종합대학원대학교	11.09.21~14.09.20 (09.09.21~11.09.20)
행정안전부	옥외광고사	2급	한국옥외광고협회	12.02.06~14.02.05 (03.02.06~12.02.05)
	정보시스템감리사	–	(사)한국정보화진흥원	11.02.17~16.02.16 (03.02.17~11.02.16)
	행정관리사	1, 2, 3급	(사)한국행정관리협회	12.02.01~15.01.31 (04.02.01~12.01.31)

소관부처	자격종목	등급	자격관리자	공인기관(기공인기간)
문화체육관광부	국어능력인증시험	1, 2, 3, 4, 5급	(재)한국언어문화연구원	11.10.08~13.10.07 (09.10.08~11.10.07)
	실천예절지도사	–	(사)범국민예의생활실천운동본부	12.02.17~15.02.16 (06.02.17~12.02.16)
	종이접기마스터	–	(사)한국종이접기협회	11.02.27~13.02.26 (06.02.27~11.02.26)
	KBS한국어능력검정	1, 2+, 2-, 3+, 3-, 4+급	KBS한국방송공사	11.01.23~13.01.22 (09.01.23~11.01.22)
지식경제부	데이터아키텍처전문가	–	한국데이터베이스진흥원	12.01.01~15.12.31 (08.01.01~11.12.31)
	숍마스터	3급	(사)한국직업연구진흥원	09.01.17~14.01.16 (04.01.17~09.01.16)
	패션스타일리스트	–	(사)한국직업연구진흥원	10.11.17~12.11.16
	정보기술프로젝트관리전문가(IT-PMP)	3급	대한정보통신기술(합)	11.09.30~13.09.29 (09.09.30~11.09.29)
	정보보호전문가(SIS)	2급	(사)한국인터넷진흥원	11.09.30~16.09.29 (04.01.20~11.09.29)
		1급		10.11.17~12.11.16 (05.02.17~11.02.16)
	지역난방설비관리사	–	(사)한국열관리사협회	11.09.30~16.09.29 (05.02.01~11.09.29)
	CS Leaders(관리사)	–	(사)한국정보평가협회	11.01.07~14.01.06 (09.01.07~11.01.06)
	ERP물류정보관리사	1, 2급	한국생산성본부	11.09.30~13.09.29 (09.09.30~11.09.29)
	ERP생산정보관리사	1, 2급	한국생산성본부	11.09.30~13.09.29 (09.09.30~11.09.29)
	ERP인사정보관리사	1, 2급	한국생산성본부	11.09.30~13.09.29 (09.09.30~11.09.29)
	ERP회계정보관리사	1, 2급	한국생산성본부	11.09.30~13.09.29 (09.09.30~11.09.29)
	빌딩경영관리사	–	(재)한국산업교육원	10.11.17~12.11.16

소관부처	자격종목	등급	자격관리자	공인기관(기공인기간)
보건복지부	병원행정사	–	(사)대한병원행정관리자협회	12.02.01~17.01.31 (02.02.01~12.01.31)
보건복지부	수화통역사	–	(사)한국농아인협회	11.02.20~16.02.19 (06.02.20~11.02.19)
보건복지부	점역교정사	1, 2, 3급	(사)한국시각장애인연합회	12.04.01~17.03.31 (02.04.01~12.03.31)
고용노동부	가구설계제도사	–	대한상공회의소	11.02.09~14.02.08 (00.12.22~11.02.08)
고용노동부	기계설계제도사	–	대한상공회의소	11.02.09~14.02.08 (00.12.22~11.02.08)
고용노동부	컴퓨터운용사	–	대한상공회의소	11.02.09~14.02.08 (00.12.22~11.02.08)
고용노동부	문서실무사	1, 2, 3, 4급	(사)한국정보관리협회	11.02.09~14.02.08 (00.12.22~11.02.08)
고용노동부	전산세무회계	전산세무1, 2급 전산회계1, 2급	한국세무사회	12.03.16~17.03.15 (02.01.17~12.03.15)
국토해양부	자동차진단평가사	1, 2급	(사)한국자동차진단보증협회	10.11.24~13.11.23
경찰청	도로교통사고감정사	–	도로교통안전관리공단	12.04.06~15.04.05 (07.04.06~12.04.05)
경찰청	열쇠관리사	1, 2급	(사)한국열쇠협회	11.01.03~14.01.02 (05.01.03~11.01.02)
산림청	분재관리사	분재관리사1, 2급 분재전문관리사	(사)한국분재조합	08.02.01~13.01.31 (02.02.01~08.01.31)
산림청	수목보호기술자격	수목보호기술자	(사)한국수목보호연구회	10.01.15~15.01.14 (02.04.01~10.01.14)
산림청	조경수조성관리사	2, 3급	(사)한국조경수협회	10.11.16~15.11.15

*자료 출처 : 2012 학교생활기록부 기재요령 교과부 발표 내용(2012년 2월)

가. 화면구성

1) 진로상담활동

상담일자	2009-12-31 [달력]	상담자	
상담주제	✓ 진로 ☐ 학습 ☐ 친구관계 ☐ 가정문제 ☐ 기타		
파일올리기	[파일첨부] ☐ 진로상담		진로상담.jpg(500kb)
	삭제하고자 하는 파일을 체크해 주세요.		

▶ 상담을 하게 된 동기를 써보세요.

나는 기자가 되고 싶다.
친구의 아버지이신 동아일보 기자를 만나 인터뷰를 하게 되었다.

▶ 상담내용과 상담 후 소감을 써보세요.

기자라는 직업이 매우 힘들다는 것을 알게 되었다.
기자는 정의감과 현실감이 있어야 한다는 것을 알게 되었다.

2) 진로탐색 · 진로체험활동

활동명	대전지역 고등학생 일일기자 체험		
장소구분	● 교내활동 ○ 교외활동	참가구분	● 단체참가 ○ 개인참가
주관기관명	주관기관명		
활동기간	2010-02-08 [달력] ~ 2010-02-10 [달력]		
파일올리기	[파일첨부] ☐ 테스트파일		체험활동.jpg(500kb)
	삭제하고자 하는 파일을 체크해 주세요.		

▶ 진로탐색 · 진로체험활동을 하게 된 동기를 써보세요.

충남대 언론정보학과에 대해 자세히 알고 싶었다.

▶ 구체적인 활동내용과 활동 후 소감을 써보세요.

처음으로 경찰 외에 기자라는 꿈을 심어준 매우 값진 활동이었다. 일일기자 체험을 하며 진지하게 기자의 꿈을 생각해 보게 되었다. 그리고 직접 현직 기자들을 만나 질문과 답변을 나누다 보니 더욱 재미있고 유쾌했다. 만약 나중에 기자의 길을 걷게 된다면 모두 이 체험 덕분일 것이다.

3) 자격증 및 인증취득활동

자격증 · 인증명	한자실력급수3급		
취득일	2010 - 01 - 12 달력	번호 및 내용	
주관기관명	(사)한자교육진흥회		
파일올리기	파일첨부		

▶ 자격증 및 인증을 취득하게 된 동기 또는 목적을 써보세요.

어렸을 때부터 한자에 매우 흥미가 있었고, 나의 한자 실력이 얼마나 될까 하는 궁금증 때문에 급수시험을 보게 되었다.

▶ 상담내용과 상담 후 소감을 써보세요.

책을 읽다 보면 대부분 한자로 이루어진 단어가 많다. 한자를 많이 알면 쉽게 뜻을 해석할 수 있고, 한자어가 보이면 자신감이 생긴다. '한자실력 급수 따기'라는 목표를 가지고 열심히 노력했고, 시간이 흐를수록 실력이 쌓여가는 것을 느꼈다. 시험 당일 열심히 한 만큼의 결과를 얻었고, 벅찬 성취감이 느껴졌다.

1) 진로상담활동

①상담일자		②상담교사		③승인교사	
④상담주제	✔ 진로 ☐ 학습 ☐ 친구관계 ☐ 가정문제 ☐ 기타				
⑤첨부파일	번호	파일명	용량	설명	추가 제거 다운로드
	1	진로.hwp	16KB	상담1	
	2				
⑥상담을 하게 된 동기를 써보세요.					
⑦상담내용과 상담 후 소감을 써보세요.					

① **상담일자** : 상담일자를 기록한다.

② **상담교사** : 상담한 교사를 기록한다.

③ **승인교사** : 진로활동(진로상담) 정보 승인을 위한 선생님의 이름을 선택한다(기본 값은 담임교사임).

④ **상담주제** : 상담주제(진로, 학습, 친구관계, 가정문제, 기타)를 선택한다(복수 선택 가능).

⑤ **첨부파일** : 첨부파일의 크기는 10MB 이내, 사용가능한 파일의 확장자는 jpg, gif, hwp, xls, ppt, pdf이고 첨부파일에 대한 설명을 기록한다. 파일의 첨부는 4개까지 가능하고 첨부자료의 다운로드도 가능하다.

⑥ **상담동기** : 진로상담에 참여하게 된 동기를 기록한다.

⑦ **상담내용과 소감** : 진로상담의 내용과 상담 후의 소감을 기록한다.

2) 진로탐색 · 진로체험활동

①활동내용				②승인교사		
③장소구분	☐ 교내활동	☐ 교외활동	④참가구분	☐ 단체참가		☐ 개인참가
⑤활동장소						
⑥활동기간						

	번호	파일명	용량	설명	추가 · 제거 · 다운로드
⑦첨부파일	1	체험.hwp	16KB	진로체험활동	
	2				

⑧활동을 하게 된 동기를 써보세요.

⑨활동내용과 상담 후 소감을 써보세요.

① **활동내용** : 구체적인 진로 관련 활동 내용 또는 제목을 입력한다.

② **승인교사** : 진로활동(진로상담) 정보 승인을 위한 선생님의 이름을 선택한다(기본값은 담임교사임).

③ **상담주제** :

④ **장소구분** : 장소구분(교내활동, 교외활동)을 선택한다.

⑤ **참가구분** : 참가구분(단체참가, 개인참가)을 선택한다.

⑥ **활동장소** : 활동을 실시한 장소 또는 기관명으로 기록한다.

⑦ **활동기간** : 진로탐색 · 진로체험활동을 시작한 날짜와 끝난 날짜를 선택한다.

⑧ **첨부파일** : 첨부파일의 크기는 10MB 이내, 사용가능한 파일의 확장자는 jpg, gif, hwp, xls, ppt, pdf이고 첨부파일에 대한 설명을 기록한다. 파일의 첨부는 4개까지 가능하고 첨부자료의 다운로드도 가능하다.

⑨ **진로탐색 · 진로체험활동 동기** : 진로탐색 · 진로체험활동을 하게 된 동기를 기록한다.

⑩ **활동내용과 소감** : 진로탐색 · 진로체험활동의 구체적인 활동내용과 활동 후 소감을 기록한다.

사례1 **외교관이 되기 위해 다양한 국가의 프로그램에 적극 참여**

외교관이 꿈인 나는 우리나라를 해외에 제대로 알리고 다른 나라와 좋은 관계를 유지하기 위해서는 그 나라의 문화나 사회 상황을 제대로 이해할 필요가 있다고 생각했다. 그래서 우리나라에 있는 일본대사관이나 프랑스대사관 등에서 운영하는 프로그램에 참여하려고 노력했다. 문화원에 가면 그 나라의 서적이나 전시실 등을 둘러볼 수가 있다.

아프리카 어린이를 돕는 마라톤이 열렸는데 조금이나마 도움이 되었으면 하는 바람을 가지고 참가를 하였다. 평소 운동을 좋아하는 편이 아니어서 출발한 지 얼마 되지 않아 벌써 지치고 힘이 들었다. 하지만 지금 이 순간을 참으면 아프리카의 어려운 친구들이 한 달은 고생하지 않을 수 있다는 생각으로 참고 끝까지 완주하였다.

Advice 외교관의 자질을 키우기 위해 글로벌 감각을 키우려 한 노력이 돋보인다.

사례2 **호스피스에 대한 지식 쌓으며 간호사의 꿈 키워**

대학에 들어가면 호스피스(죽음을 앞둔 환자에게 평안한 임종을 맞도록 위안과 안락을 베푸는 봉사활동)가 정말 하고 싶었다. 마지막 길을 떠나는 그분들에게 조금이나마 도움이 되었으면 하는 바람도 있고, 〈죽을 때 후회하는 스물다섯 가지〉라는 책의 내용처럼 내가 살면서 놓칠 수 있는 소중한 것들을 배울 수 있다고 생각했다.

그래서 자원봉사자의 역할 및 자세, 웃음치료, 호스피스 대상자의 사회적·심리적·영적 상태와 대처방안 등 호스피스 교육을 받고 있다. 교육 내용 중 유서 읽기 및 입관 체험이 가장 기억이 남는다. 막연하고 멀게만 느껴졌던 일을 경험하면서 환자들의 마음을 조금이나 알 수 있었다. 앞으로 더욱 열심히 교육을 받아 호스피스 자원봉사 자격증을 받고 싶다.

대학도 간호학과에 진학하여 전문적인 교육을 받는다면 많은 도움이 될 것이다. 빨리 이러한 과정들을 마치고 전문 호스피스로서 환자들 곁에서 힘이 되고 싶다.

Advice 호스피스 봉사는 중학생 이상 가능하다. 봉사와 체험 모두 연계된 활동 사례이다.

사례3 대학 프로그램에 참여, IT CEO의 가능성을 점치다

우리나라 최고의 과학기술대학이라고 할 수 있는 KAIST에서 영재기업인을 발굴, 육성하는 프로그램을 만들었다는 이야기를 듣고 바로 찾아보았다. 창의적 잠재력을 가진 영재기업인을 조기에 발굴하여 지적 자산을 창조하고, IT CEO로 성장할 수 있도록 교육과 지원을 한다는 교육 목표를 읽고는 더욱 참여하고 싶었다.

우리나라는 자원이 부족하기 때문의 세계 경쟁력을 높이기 위해서는 지적 자산이 무엇보다 중요하다는 이야기를 많이 들었는데, 나도 거기에 꼭 힘이 되고 싶다는 생각을 했다. 자기소개서와 면접 등을 통해 내가 얼마나 목표를 달성하기 위하여 열심히 노력했으며, 이 수업을 문제 없이 따라갈 수 있다는 자신감을 보여준 덕분에 합격할 수 있었다. 온라인으로 강의를 듣고 과제를 제출하였다. 그리고 캠프에 참가하여 토의하고, 발표와 전문가 평가 등을 통해 단순하게 이론에만 그치는 것이 아니라 아이디어를 만들어 발표할 수 있었다.

교육은 방학 때만 이루어지는 것이 아니라 학기 중에도 계속되어 생각보다 학교 공부에 부담이 되었다. 부모님께서는 공부에 너무 방해되는 것 아니냐며 그만두라고 말씀하셨지만, 나는 그럴 수가 없었다. 그래서 더욱 철저하게 계획을 세워 공부한 끝에 학교 성적도 유지하며 교육을 받을 수 있어서 부모님의 걱정을 덜어드릴 수 있었다.

Advice　KAIST 영재기업인 육성 프로그램을 참가하는 게 쉽지 않다. 주말, 시험기간, 방학 등에도 밀리지 않고 해야 하기 때문에 학교 측에서도 성실성과 자기주도학습 능력을 높이 평가한다.

사례4　피아노 테스트에 통과, 은사를 만나다

초등학교 2학년 때 피아니스트 Y 교수님께 공개 마스터 클래스를 받을 기회가 있었다. Y 교수님은 텍사스 영 아티스트 콩쿠르 1위에 올라 주목을 받으며 활동하다 한국예술종합학교 교수로 계시는 분이다. 공개 마스터 클래스를 받기 위해서는 테스트를 통과해야만 했다. Y 교수님께 지도를 받고 싶어하는 친구들이 많았기 때문에 제대로 준비를 해야 했다.

그때부터 3개월간 열심히 모차르트의 소나타를 연습했다. 그 결과 나는 Y 교수님께 지도받을 수 있는 자격을 얻었다. 첫 레슨을 받을 때 너무 떨려서 실수를 많이 했다. 나는 속이 상하기도 하고 부족한 모습을 보이게 되어 기가 많이 죽었다. 그때 교수님께서는 그냥 잊어버리라고 다독여주셨다. 나는 집에 돌아와서 또다시 실수하지 않도록 더욱 열심히 연습을 했다.

그 후에도 문제점이 발견되면 교수님과 대화하는 시간이 많았다. 작은 부분까지도 다정하게 지도해 주셔서 정말 감사했다.

 자신이 목표한 바를 성실하게 완수하는 '성실성'과 '집중력' 등이 돋보인다.

이런 이력이 지속되어 입시 전까지 이어지면 더욱 빛이 날 것이다.

사례5 영어교사의 꿈을 키우기 위해

영어교육에 관심이 많은 나는 평소 인터넷에서 자주 관련 인턴직을 검색하곤 했다. 그러다 고교생이 모인 입시 및 비교과활동 온라인 카페에 올라온 한 단체에서 주최하는 영어캠프에서 어시스턴트를 구하는 공고를 보고 신청을 하였다. 비록 내가 직접 학생들을 가르치는 것은 아니었지만 이런 전문적인 영어교육 현장에 참여하면서 노하우를 배울 수 있지 않을까 하는 생각이 들었다.

나는 초등학생 2명에게 영어를 가르쳐주는 자원봉사를 했는데, 한 학급 전체를 대상으로 가르치는 교육방법을 배우고 싶었다. 다행히 영어인증 점수가 좋아서 뽑힐 수 있었다.

내가 맡은 일은 외국인 교사의 수업보조와 학생생활 관리 지도였다. 많은 아이들을 대상으로 수업하는 모습을 보니 무엇보다 아이들을 하나하나 세심하게 챙길 수 없는 것이 문제였다. 재미있게 잘 따라오는 친구가 있는가 하면 집중하지 못하고 계속 움직이려는 아이들도 있어서 학생들 모두가 집중하여 수업할 수 있도록 하는 것이 중요했다. 그래서 내가 알고 있는 지식을 전달하는 것도 중요하지만 아이들을 이끌 수 있는 지도력을 키워야겠다는 생각을 했다.

 꿈과 직접 연계된 활동이라는 점은 돋보이나, 사실 영리단체의 캠프였다면 사전 학교승인 절차를 거쳐야 한다.

대구산업정보대에서 고등학생 30명을 대상으로 쉐프 및 슈가크레프트 직업 체험교실을 연다는 소식을 들었다. 요리사가 꿈이었던 나는 바로 신청을 하였다. 그곳에서 이탈리아 피자&깔조네 만들기 등 쉐프 체험교실과 설탕을 활용한 다양한 슈가크레프트 만들기 등의 체험활동을 했다. 대학 교수님들이 직접 강의하시면서 시범을 보여주셨다.

직접 요리사 복장을 입고 실습하는 것이 마음에 들었다. 진짜 내가 요리사가 된 것만 같아서 옷을 입고는 몇 번을 거울에 비춰보며 사진도 찍었다. 실습실의 많은 요리도구들을 보니 정말 꿈을 꾸는 것만 같았다. 체험교실에 다녀온 후 슈가크레프트에 더욱 관심을 가지게 되었다.

슈가크레프트는 설탕공예를 말하는 것이다. 특히 케이크 위에 인형이나 꽃, 리본 등의 섬세한 모양을 만드는 것이 아름답게 보였다. 그래서 인터넷이나 책을 통해 배우기도 하고 예쁜 모양은 직접 집에서 만들어보기도 하였다. 얼마 전에는 슈가크레프트 전시회를 보러 갔는데 정말 모든 것이 하나같이 예술작품처럼 느껴졌다. 요리에 있어서 디저트도 메인요리 못지않게 사람들의 관심이 큰 만큼 슈가크레프트처럼 맛뿐 아니라 보는 즐거움까지 줄 수 있는 부분에 대해 연구를 하고 싶다.

Advice '요리사'에 대한 진정성이 돋보이고 목표의식이 뚜렷해 보인다. 단지 입시를 위해서가 아닌 자신의 전공에 대한 흥미가 강하게 녹아 들었다.

사례7 **프로젝트에 참가한 후 뷰티 매니저의 꿈을 갖다**

대학교에서 중학생을 대상으로 '얼짱 몸짱 프로젝트'를 한다고 하여 참가하였다. 교수님들이 몸매 만들기 등 뷰티산업에 대한 간단한 경험과 지식들을 알려주었다. 연예인들의 화장 노하우, 몸매를 예쁘게 보일 수 있는 바디 메이크업 등 다양한 화장법과 헤어스타일링 외에도 올바른 다이어트 방법 등을 직접 시연해 주시고 설명도 해주셨다.

최근에는 여자뿐만 아니라 남녀노소 할 것 없이 얼굴과 몸매 관리에 관심이 많다. 하지만 실제로 어떻게 관리해야 하는지 정확히 아는 사람들이 드물고, 알고 있더라도 제대로 실천하지 못하는 사람이 대부분이다. 그래서 나는 이번 체험을 계기로 전문 뷰티 매니저가 되고 싶다는 꿈을 가지게 되었다. 그 후 뷰티 클래스 수업을 들으며 전문가들의 노하우를 배우고 있다.

그렇게 공부하며 모은 자료들이 상당히 많아 이것을 그냥 나만 알고 있을 것이 아니라 다른 사람들에게 소개해 주는 것이 좋겠다는 생각이 들어 직접 블로그를 만들었다. 사람들이 내가 만든 블로그에 들어와 좋은 정보를 알려줘서 고맙다는 댓글을 달아놓은 것을 보면 뿌듯함을 감출 수가 없다.

Advice 자신의 진로체험을 블로그와 연결시킨 것이 강점. 입시에 임박해서의 활동이 아닌 최소한 1년 이상 지속적으로 활동하면 더 좋은 평가를 받는다.

사례8 파브르와 같은 곤충학자가 되고 싶어

내가 곤충에 관심을 갖게 된 건 초등학교 4학년 때이다. 곤충에 대해 전혀 몰랐던 나는 교실에서 등껍질이 까만 벌레 두 마리가 싸우는 것을 보았다. 뿔처럼 생긴 더듬이를 서로 엉키어가며 싸우는 모습이 마냥 신기했다. 친구는 그 곤충이 사슴벌레인데 자기 집에는 여러 마리가 있다면서 나에게 한 마리를 주었다.

그때부터 나의 곤충 사랑이 시작되었다. 인터넷에서 구입이 가능하다는 것을 알고 사슴벌레와 장수풍뎅이 두 마리를 구입했다. 그 곤충들이 알을 낳아 식구들이 늘었다. 알이 애벌레가 되고, 다시 번데기가 되고 성충이 되는 과정은 신비 그 자체였다. 몇 개월이 채 지나지 않아 내 방은 곤충 사육실처럼 온통 플라스틱 사육통으로 가득 차게 되었다.

부모님은 〈파브르 전집〉을 헌책 방에서 어렵게 구해주셨다. 나는 그 책을 몇 차례나 반복해서 읽으며 파브르 같은 곤충학자가 되겠다는 꿈을 갖게 되었다. 곤충도감, 곤충일기 등 곤충에 관련된 책을 찾아 읽기 시작했으며, 주말에는 인근 야산에 가서 썩은 참나무를 뒤지며 애벌레와 성충을 채집하러 다녔다. 그리고 전국의 곤충박물관을 검색해서 부모님과 함께 주말이나 방학을 이용하여 기회가 닿는 대로 관람을 다녀오곤 했다.

또한 곤충을 키운 지 1년이 지난 후 인터넷 카페를 만들었다. 컴퓨터에 대해 잘 몰라서 책을 통해 배워가며 혼자 카페를 만들어 운영했는데, 하루 방문자수가 수백 명이 될 만큼 꽤 인기가 많았다. 곤충 벼룩시장에 참여해 서로 필요한 물건을 물물교환하거나 사고파는 경험도 했다. 당시 벼룩시장을 개최한 곤충 전문점 사장님이 있었는데, 그분은 곤충 관련 외국 서적이나 곤충 전문 사이트 등을 소개해 주는 등 적극적으로 도움을 주셨다.

나는 곤충을 연구하면서 관찰기록을 작성했고, 이것으로 과학탐구대회 학교 예선을 거쳐 지역대회에서 금상을 차지하기도 했다. 큰 상은 아니었지만, 이 경험이 나에게는 결정적인 계기가 되었다. 그 후 나는 과학고에 도전하겠다는 목표를 세웠고, 수학·과학 공부를 열심히 하기 시작했다. 또한 영어 원서를 읽을 일이 많기 때문에 영어 학원에 다니면서 매일 한 시간씩 영어 공부를 열심히 하고 있다.

 자신의 관심 영역을 '독서, 체험, 학습' 등으로 확대시킨 것이 눈에 띈다. 자기주도학습의 자세가 생생한 감동을 주는 사례이다.

사례9 자동차 디자이너의 꿈을 이루고자

중학교 2학년인 나는 자동차 디자이너가 꿈이다. 초등학교 때부터 유난히 자동차에 관심이 많았다. 특히 내가 좋아하는 자동차 디자인은 '폭스바겐 뉴비틀'이다. 초등학교 때 빨간 뉴비틀을 보았을 때 정말 감탄이 절로 나왔다. 파란색의 그 차는 마치 애완견처럼 너무 예쁘고 사랑스러웠다. 비틀시리즈의 역사는 무려 100년이 넘었다고 한다. 그동안 약간 변형된 디자인으로 지금까지도 세계적으로 사랑받는 차라고 하는데, 아무리 봐도 싫증이 나지 않고 남녀노소 누가 타도 잘 어울리는 차라는 생각이 들었다. 작년에 친척 오빠가 이 차를 가져와서 잠깐 타본 적이 있는데, 몸집이 작아 보이긴 해도 승차감은 좋았다고 기억한다.

나는 거리를 달리는 차가 보는 이로 하여금 행복감을 느끼게 한다면 이는 매우 멋진 일이라는 생각을 했다. 그래서 중학교 진학 후 '자동차 디자이너'에 대한 관심을 본격적으로 갖게 되었다. 나는 시간이 있을 때마다 구글을 검색해 세계의 명차 디자인을 감상하고 스케치도 해본다. 세계 3대 명차라는 마이바흐, 롤스로이드, 벤틀리에 대해서는 노트를 별도로 만들어 브랜드 분석 및 디자인 스케치, 사진 스크랩 등을 해두고 있다. 서울모터쇼를 관람하고 보고서를 만들었으며(그러나 정작 모터쇼 정보를 찾으려니 레이싱걸들에 대한 정보만 떠서 속상하고 안타까웠다), 2011년 서울모터쇼와 상하이모터쇼 관람 보고서를 작성해 두었다. 기회가 닿으면 세계 최대 규모로 개최된다는 프랑크푸르트모터쇼, 도쿄모터쇼 등도 꼭 관람해 보고 싶다.

자동차를 디자인하기 위해선 미술 감각도 있어야 하고, 유명 대학의 산업 디자인학과에 진학하려면 디자인 실기와 국어, 영어 등 문과 영역의 공부도 상위권에 들어야 한다. 또 좋은 디자인은 실용성과 맞물려 조화를 이룬 것이어야 하기 때문에 자동차의 내부 기능, 속도, 차의 각도 등에 대한 수학적 지식도 상당히 필요하므로 수학 공부도 열심히 할 생각이다.

또 미국의 CCS, 영국의 RCA 등 자동차 디자인으로 유명한 학교로 유학을 가고 싶기도 하다. 그래서 고등학교 때까지 학교 공부는 물론 영어로 유창하게 말하고 쓸 수 있도록 실력을 키우기 위해 매일 자동차 관련 원서를 읽으며 듣기를 병행하고 있다. 꿈이 생기고 나서부터는 공부가 하고 싶어졌고 성적도 많이 올랐다.

 전공 적성을 찾아 탐색하는 자기주도적 능력이 매우 돋보인다. 이러한 학생을 만난다면 입학사정관의 마음이 절로 움직일 것이다.

사례 10 화장품 가게 아르바이트를 하면서 화장품 CEO 꿈꿔

나는 중학교 1학년 때부터 화장을 했다. 멋을 내기 위해서가 아니라 먹고살아야 했기 때문이다. 부모님의 이혼으로 할아버지 할머니의 손에서 자랐던 나는 어려운 가정형편 때문에 중1 때부터 고향인 포항 시내에 있는 한 화장품 가게에서 시급 2,500원의 화장품 판매 아르바이트를 하며 돈을 벌었다.

그러나 어린 시절의 힘들었던 경험이 지금의 나를 있게 해준 원동력이라고 생각한다. 화장품을 팔면서 공부해야겠다는 결심을 했고, 화장품 제조업체 CEO가 되겠다는 꿈을 키웠다. 그러다 사춘기가 찾아오면서 공부와 점점 멀어졌다. 성적 때문에 일반계 고등학교를 갈 수가 없어 실업계 고등학교에 진학해야 했다. 그런데 오기가 생겼다. 반드시 화장품 회사 CEO가 되겠다는 각오를 다졌다.

나는 공부를 하기 위해 무작정 경기도 용인에 있는 고모 댁으로 올라왔다. 전학을 한 뒤에는 공부에만 매진했다. 공부 기초가 약하고, 아르바이트도 함께해야 했기 때문에 남들보다 몇 배는 더 노력해야만 했다. 시험 3주 전부터는 하루에 두 시간만 책상에 엎드려 자면서 공부에 집중했다.

그 결과 공부는 물론 화장품 판매에도 달인이 됐다. 시급은 몇 배로 뛰었고 화장품 회사로부터 러브콜이 빗발쳤다. 고교생이지만 현재 신입사원에게 판매 전략을 교육하는 판매왕이 됐다. 목표가 확실해지니 공부도 일도 잘 되었다. 현장경험이 풍부한 나는 대학에 진학하여 전문지식을 익혀 제품의 질로 승부하는 화장품 제조회사 사장이 되는 것이 목표이다.

 역경을 극복하고 자신의 꿈을 향해 달려가는 도전정신과 성실성, 독립심 등이 돋보인다. 그러나 아무리 체험이 돋보인다 하더라도 학업수행능력(교과 성적, 수상실적)이 뒷받침되어야 좋은 평가를 받을 수 있다.

사례11 다양한 동물에 대한 관심이 과학자의 길로 이끌어

나는 파충류와 양서류, 거미를 애완용으로 키우는 남다른 취미를 가졌다. 보아뱀, 리본스네이크, 콘스네이크 등 지금껏 기른 애완용 뱀만 10여 종이 넘는다. 이런 취미생활을 경쟁력으로 키워 2011학년도 수시1차 과학영재전형으로 고려대 생명과학계열 학부에 합격했다.

나는 유치원 때부터 다양한 동물에 관심이 많았다. 붉은귀거북, 타란툴라(거미류), 두꺼비 등을 집에서 키우며 관찰했다. 뱀과 처음 인연을 맺은 건 중3 때, 공룡과 비슷한 모습에 매력을 느껴 파충류 전문점에서 물뱀의 일종인 리본스네이크를 입양하면서부터이다. 나는 단지 뱀을 키우는 데 그치지 않았다. 먹이를 준 시기, 채집통 청소 시기 등을 꼼꼼히 기록한 관찰일지를 썼다. 이런 관찰기록을 토대로 각종 파충류를 주제로 한 교내외 과학탐구 및 토론대회에 참여해 상을 받았다.

고2 때는 '파충류에 서식하는 세균의 배양 및 종류 탐구'를 주제로 제24회 서울학생탐구발표대회에 학교대표로 출전해 동상을 수상했다. 과학실험을 좋아했던 나는 파충류를 기르면서 강한 흥미를 느꼈다. 그리고 기회가 닿는 대로 교내외 탐구대회에 나가다 보니 자연히 상장과 보고서가 쌓였다.

이런 취미활동은 입학사정관 전형에서 효과적인 스펙이 되었다. 애완동물을 기르면서 경험한 사실과 느낀 점을 자기소개서에 적었다. 그간의 관찰일지와 실험보고서, 상장 등을 간추려 포트폴리오로 제출했다. 포트폴리오 시각자료는 희귀동물을 기르는 사람들이 모인 온라인 카페에 지난 3년간 내가 업로드 했던 사진들을 활용했다. 카페 회원들과 정보를 공유할 목적으로 그때그때 찍어 올린 뱀 사진들이 대입을 준비하면서 큰 도움이 된 것이다.

Advice 어릴 때부터의 취미생활을 지속적으로 유지, 심화시켜 효과적인 스펙(기록물, 보고서, 수상실적, 동호회활동……)으로 완성한 케이스. 특히 전공 관련 과목을 최상위권으로 유지한 학업능력을 높이 평가받을 수 있다.

사례 12 국어국문학자의 꿈을 이루기 위해

국어국문학과에 진학하는 것이 꿈이었던 나는 중학교 때 학교대표로 나간

금강산통일체험한마당에서 교육청 주관 문예창작영재교육원을 우연히 알게 되었다. 글과 문학에 대해 관심이 많았던 나는 영재원 시험에 응시하여 성북문예창작영재교육원 소설반 2기생으로 입학하였다. 매달 정기적으로 영재원에 출석해 소설과 글쓰기 전반에 걸친 전문적인 교육을 받았으며, 직접 소설을 창작하기도 했다. 또한 각자 쓴 글과 유명작가들이 쓴 글을 읽고 비평, 첨삭하는 시간도 가졌다.

영재원을 수료한 후 함께 교육을 받은 동인들과 '연필숨'이라는 청소년문예단체를 만들었다. 인터넷에 카페를 개설하고 동인들과 정기적으로 모임을 가지며 문학과 창작에 대해 토론하는 활동을 했다.

또한 이에 그치지 않고 2회에 걸쳐 동인지를 출판하였다. 읽고 듣는 문학이 아닌 직접 참여하는 문학을 하고 싶었기 때문이다. 동인들과 소재를 정하고 그에 맞는 소설을 창작해 내용을 구성했다. 나는 '연필숨'의 편집위원을 맡아 동인들의 글을 모아 책으로 펴내는 기획, 표지구성, 편집 등 출판의 전 과정에 참여했다.

Advice 영재원 프로그램이 수학, 과학 외에 문예, 영어 등으로 확대 운영되는 지역이 있다. 교육청, 대학 등의 진로 관련 프로그램에는 무조건 참여하는 것이 좋다. 가장 확실한 자료 중 하나로 인정받을 수 있다.

사례 13 소년소녀가장이 작가의 꿈을 키우다

나의 어린 시절 기억 속에는 엄마가 존재하지 않는다. 내가 다섯 살 되던 해에 엄마는 세 살짜리 남동생과 나를 두고 가출하였다. 그래서 아빠가 동생과 나를 혼자 기르실 수밖에 없었다. 그런데 열네 살 때 일용직으로 근무하시던 아빠가 건설현장에서 갑작스러운 사고로 돌아가시게 되었다. 그때부터 일가친척 하나 없던 나는 소녀가장이 되어 동생을 돌보며 학교를 다닐 수밖에 없었다.

처음에는 친구들과 너무나 다른 환경 속에서 살며 주눅이 들었고, 점점 소극적으로 변하며 자신감을 잃어갔다. 그렇지만 겉으로는 씩씩한 척하며 동생을 챙길 수밖에 없었다. 그래서 그때부터 내가 겪어야 했던 모든 일들과 그때마다 느낀 감정들을 솔직하게 일기장에 쓰기 시작하였다. 그러다 보니 현재의 속상함이나 미래의 꿈들을 글로 쓰기 시작했다.

어느 날 학교 담임선생님께서 일기장을 보시고 글쓰기에 소질이 있는 것 같다며 칭찬을 해주셨다. 그리고는 한 대학교의 백일장에 나갈 수 있도록 추천을 해주셨다. 백일장에서 아버지에 대한 그리움을 주제로 시를 지어 운문부 차하를 수상하였다.

> **Advice** '글쓰기'라는 자신의 특성을 취미로 끝내지 않고 스펙으로 솜씨 좋게 이끌고 갔다. 백일장을 주최한 대학에 지원하면 수상자에게 가산점을 주는 경우가 많으므로 이런 기회를 잘 포착하자.

사례 14 선생님이 읽어준 책 경험이 작가의 길로 이끌어

초등학교 5학년 때 담임선생님이 매주 한 시간씩 책을 읽어주셨다. 선생님이 읽어주는 책의 내용이 귀에 잘 들어왔고, 자연스레 독서에 흥미를 느끼게 됐다. 이를 계기로 이틀에 한 권씩 책을 읽었다. 이것은 어린 시절 나에게 상상력을 키워주는 스승이었다.

중학생이 되자 문득 나만의 글이 쓰고 싶어졌다. 처음에는 일기로 시작했다. 생활 속에서 겪었던 일을 토대로 특정 사건을 경험하며 느낀 점과 나의 생각 등을 써 내려갔다. 2학년이 된 나는 우연히 신경숙 씨의 소설 〈외딴방〉을 읽다가 작가가 '〈난쟁이가 쏘아올린 작은 공〉이란 소설을 베껴 썼다.'는 글귀를 발견하게 됐다.

나는 감명 깊게 읽었던 책들 중 3~4권을 골라 베껴 썼다. '소설 쓰기가 이런 거구나.'라고 느낀 나는 2학년 말부터 학교생활을 주제로 단편소설(원고지 80매 분량)을 쓰기 시작했다. 2~3주일에 한 편씩 쓰기 시작하여 20편 가량의 단편소설을 썼다. 그러다 보니 나는 장편소설을 쓰고 싶어졌다. 내가 어렸을 적에 겪었던 소재를 바탕으로 가족붕괴의 현실을 담은 글을 써 내려갔다. 4권짜리 〈리메이킹 라이프〉는 이렇게 해서 태어났다.

Advice 자신의 재능을 성실하고 집요하게 키워나간 사례. 습작품의 양으로 보아 부모님의 적극적인 지원이 큰 힘이 되었을 듯. 관련 대회 수상, 관련 활동 등과 개인 출판물도 좋은 평가를 받는다. 단, 스펙을 위해 어거지로 출판했다는 인상을 주면 오히려 감점 요인이 될 수도 있다.

사례15 초등학교 때 배운 피리를 계기로 전통문화에 관심

초등학교 3학년 때 TV를 보다 국악연주를 보게 되었다. 평소 국악연주를 들어보았던 경험이 거의 없었기 때문에 그 소리가 너무 생소하게 느껴졌다. 하지만 가만히 듣다 보니 여러 악기 중에서도 피리 소리가 가장 마음에 들어 꼭 한 번 배워보고 싶다는 생각을 하게 되었다. 나는 어머니께 말씀을 드렸고, 그때부터 피리를 배우기 시작하였다.

내가 피리를 배운다고 하니까 처음에는 친구들이 이상하게 생각하였다.

왜냐하면 친구들은 대부분 피아노나 플룻, 바이올린 같은 서양 악기들을 배우고 있었기 때문이다. 피리를 배우는 것은 친구들 사이에서 내가 유일하였다. 4학년 때는 전통문화발표회에 직접 참가하여 피리 연주를 하기도 하였다.

그러다 5학년 때 학교에 피리부가 생겼다. 피리 부는 내 모습을 보고 관심을 가지고 피리부에 들어온 친구들도 있었다. 그 사실이 나를 뿌듯하게 만들었다. 피리부 대표로 뽑힌 나는 처음 피리를 배우는 친구들을 도와가며 좀 더 많은 친구들에게 우리 전통악기의 소리를 들려주고 싶다는 생각을 하게 되었다. 그래서 선생님의 도움으로 학교 강단에서 전 학년이 보는 앞에서 우리의 실력을 보여줄 수 있는 기회도 갖게 되었다.

> **Advice** 피리나 기타 전통음악 관련 행사, 대회 등에 참여해 실적을 쌓는 것이 좋다. 국악 관련 전문 고등학교와 대학에 진학한다면 **훌륭한 스펙**의 가치가 있다.

사례 16 책을 좋아하던 꼬마가 문학가로 가는 길

나는 어려서부터 책읽기를 좋아했다. 서점이나 도서관에 가면 그곳에서 나는 책 향기가 정말 좋았다. 고등학교 때도 점심시간이 되면 도서관에 가서 책을 읽으며 시간을 보냈다. 그러던 중 학교에 글쓰기동아리가 생겼다. 항상 남이 쓴 글만 읽었는데, 내가 직접 글을 쓰면 어떨까 하는 호기심이 생겨 가입하게 되었다.

그러나 처음으로 한 편의 단편소설을 끝내기까지는 너무 힘이 들었다. 어떤 내용을 써야 할지 막막했기 때문이다. 선생님께서는 너무 거창한 주제를 잡으려 하지 말고 나와 가까운 이야기부터 써보라고 말씀하셨다. 그래서 〈이상한 나라의 엘리스〉에서 모티브를 얻어 책을 좋아하던 아이가 책 속의 세상을 탐험하는 이야기를 쓰기로 했다. 바로 내가 항상 꿈꾸던 것을 글로 쓰기로 한 것이다.

머릿속에서는 이야기가 맴도는데 표현력이 부족하여 글로 제대로 옮기지 못하기도 하고, 무엇보다 나의 이야기를 하려다 보니 내 모습을 그대로 밖으로 드러내는 것 같아 조금 걱정이 되기도 했다. 다른 사람들의 눈에 어떻게 비칠지, 공감대가 형성될지 고심하며 글을 썼다. 그 결과 1년 후 동아리 회원들의 작품을 모두 묶어 한 권의 책을 만들 수 있었다.

Advice 개인적인 읽기와 쓰기 경험이 동아리로 연결된 케이스. 교내외 글쓰기 대회의 수상실적이나 기타 습작품 등을 추가한다면 금상첨화일 것.

사례 17 다이어트를 계기로 자신의 꿈 찾아

어린 시절부터 군것질과 피자, 치킨 등을 좋아하던 나는 또래 친구들보다 살이 많이 쪘다. 중학생이 되면서 살이 더 많이 쪄서 혹시 친구들에게 비웃음을 사게 되는 것은 아닌가 하는 걱정이 들어 괜히 위축감을 느꼈다. 그 무렵 빨리 다이어트를 해야겠다고 생각하게 된 계기가 있었다. 바로 스튜어디스가 되고 싶다는 꿈을 가지게 되면서부터이다. 스튜어디스가 되기 위해서는 외국어 공부도 중요하지만 뚱뚱한 몸매로는 꿈을 이루기 힘들기 때문이다.

그러던 중 학교 방과후 수업으로 다이어트반이 생겨났다. 처음에는 왠지 창피한 마음이 들었는데, 그 때문에 기회를 놓치게 되면 나의 꿈과는 더욱 멀어질 것 같은 생각이 들었다. 다이어트반에 들어간 후 내가 매일 먹는 음식들을 적어가며, 어떤 부분에서 잘못되었는지 반성을 했다. 그리고 선생님과 약속한 '하루에 줄넘기 천 개 하기'를 꼭 지키려고 노력하였다. 운동을 시작하고 며칠 동안은 온몸이 아파 움직이기도 힘들어서 그만두고 싶은 순간이 여러 번 있었다.

하지만 꾹 참고 꾸준히 하다 보니 한 달 후부터는 더 이상 근육이 아프지도 않고 몸도 가벼워진 듯했다. 기분까지 좋아지기 시작하였다. 3개월간 노력한 끝에 내가 목표로 했던 몸무게까지 감량할 수 있었다. 이렇게 계획을 세워 다이어트에 성공하고 나니, 공부도 계획을 세워 열심히 하다 보면 지금보다 좋은 성적을 얻을 수 있으리라는 자신감도 생겼다.

Advice 얼핏 '다이어트 체험'과 '스튜어디스'가 무관해 보인다. 하지만 다이어트라는 힘든 과정을 이겨낸 성실성과 인내심, 능동성, 책임감 등은 영역과 상관없이 높이 평가받는다.

사례 18 지리학자의 꿈을 키우기까지

지리학자가 꿈이었던 나는 중학교 때부터 지리 관련 잡지를 꾸준히 구독하고 책을 많이 읽었다. 그렇게 지리에 대하여 흥미를 키우면서 내가 구독하던 잡지의 독자 의견란에 몇 차례 글을 싣기도 하였다. 고등학교 진학 후 선택과목이 한국지리밖에 없어서 세계지리, 경제지리 등은 수업을 받을 수가 없었다. 하지만 나는 그 과목들도 놓치기 싫어서 문제집이나 인터넷 강의를 통해 혼자 공부를 하기 시작했다. 그 결과 모의고사에서 세계지리, 경제지리 과목에서 항상 1~2등급을 받았다.

그러다 3학년 때 학교에서 과목별로 그 과목을 공부하는 데 어려움을 느끼는 친구들을 위하여 수업을 할 수 있는 우수한 학생을 명예교사로 뽑는다는 이야기를 듣게 되었다. 항상 혼자 공부하던 내용을 친구들을 가르치며 다시 한 번 공부할 수도 있고, 친구들과 이야기도 나눌 수 있는 좋은 기회라고 생각하여 신청을 하였다. 명예교사가 되어 여름 방학 동안 10명의 친구들에게 한국지리 수업을 하였다.

수업을 하기 전에는 미리 다시 한 번 공부하면서 친구들에게 더 쉽게 알려줄 수 있는 방법을 찾으려고 노력하였다. 어떤 친구들은 선생님께 수업을 들을 때보다 더 이해가 잘되었다며 고맙다는 말을 아끼지 않았다. 그럴 때면 정말 큰 보람을 느낄 수 있었다.

<blockquote>

Advice 학교 선택과목이 아닌데 개인적으로 지리 과목을 선택해 공부했다는 점이 눈에 띈다. 친구들을 가르치는 과정에서 '배려심, 사회성, 리더십' 등을 동시에 평가받을 수 있다.

</blockquote>

사례 19 잦은 공연예술 체험이 공연예술 전문가의 길로 이끌어

부모님 두 분 모두 직장을 다니셨는데, 바쁘신 가운데도 불구하고 한 달에 한 번 정도는 나를 공연장이나 박물관 등에 데리고 다니셨다. 직접 체험을 통해 내가 무엇인가를 배우기를 바라셨기 때문이다. 그렇게 공연을 자주 접하다 보니 중2 때부터는 공연예술 분야에 관심을 갖기 시작했다. 그때부터는 틈틈이 시간이 날 때마다 공연을 보러 다녔다.

고등학교에 올라오면서 유적지나 유물만 보고는 한 나라의 특성이나 문화를 다 이해할 수 없다는 생각이 들었다. '공연 관람을 테마로 하는 관광프로그램을 만들면 그러한 문제를 해결할 수 있지 않을까' 하는 생각이 들었다. 그래서 나만의 공연테마 관광프로그램을 기획해 보았다. 예를 들어 〈춘향가〉 판소리 공연을 관람한 후 남원지역을 관광을 하는 프로그램 등을 구상하였다.

 직접체험을 통해 자신의 관심분야를 찾고 확대해 나간 케이스. 지역봉사와
도 연계할 수 있을 듯. 창의적인 기획 능력이 돋보인다.

사례20 적성검사 결과지를 받아보고 키운 심리학자의 꿈

중1 때 실시한 적성검사 결과지에 나온 나에게 맞는 직업들 중에서 심리
학에 대해 관심을 갖게 됐다. 여러 가지 직업 중 심리학자가 눈에 띄어서 인
터넷으로 검색을 해봤는데 너무 재미있어 보였다. 내가 살았던 곳은 시골이
라 또래가 거의 없어 혼자 지내다 보니, 많은 사람들과 만나면서 심리를 연
구하는 학문이 매력적으로 느껴졌다. 그러다가 J대 심리학과가 국내 최고의
권위를 자랑한다는 사실도 알게 됐고, 그 길로 J대 심리학과를 나의 목표로
잡았다.

고등학교에 들어가서 특별활동 시간에 청소년상담센터에서 진행하는 또
래상담 기법을 배우게 됐다. 고1 때 1년간 배우고, 2학년이 되면서 본격적
으로 친구들의 고민을 들어주고 상담해 주는 또래상담사로 활동을 했다.

장소나 시간에 구애받지 않고 반 친구와 후배들의 고민을 함께 상담해 주
었다. 일주일에 보통 3~5건의 상담을 한 것 같다. 주로 쉬는 시간과 점심시
간 등을 이용했다. 상담은 한 번에 끝나는 것이 아니고, 여러 차례 같이 고
민하면서 해결책을 찾아나가는 과정이었다. 이제 대학생이 됐는데도 여전
히 친구들 사이에서는 내가 또래상담사이다.

봉사활동도 꾸준히 했다. 교내 봉사동아리인 다솜봉사단에 들어가 장애
청소년들의 문화활동을 도와주는 역할을 했다. 장애청소년과 1대 1로 짝을
지어 함께 이동하고, 밥도 먹고, 다양한 활동을 하는 역할이었다. 고교 시절

봉사활동 시간만 360시간이 넘는다. 봉사활동을 통해 오히려 나 자신이 많은 것을 배울 수 있었다. 이 경험은 앞으로 심리학을 공부하는 데도 많은 도움이 될 것 같다.

 자신의 관심 영역을 공공기관 프로그램을 통한 다양한 체험과 경험, 학습으로 연결시켰다. 지속적으로 경험을 쌓는다는 것은 '적성에 잘 맞는지'를 적극 대변해 주는 자료가 된다.

사례21 생화학자의 꿈을 키우기 위해

나는 어릴 때부터 수학 · 과학에 흥미를 느꼈고, 고등학교에 진학한 뒤에는 생화학자가 되겠다는 목표를 세우고 꾸준히 관련 활동을 해왔다. 남에게 도움을 줄 수 있는 과학자가 되고 싶었다. 그런데 화학이라는 학문이 일상생활에 많이 쓰인다는 사실을 알게 됐다. 그래서 생화학자라는 목표를 가지게 되었다.

목표를 세우자 체험학습과 과학강의 등 관련 활동에 자연스레 관심이 생겼다. 고1 때는 서울대 청소년과학기술진흥센터에서 주최한 청소년을 위한 과학 공개강좌에 참가했다. 고2 겨울방학 때는 NICEM에서 주최한 생명공학 체험학습에 참여해 '현미경 다루는 법, 세포관찰, 감수분열 관찰' 등을 했다. 또 대덕연구단지의 원자력연구소, 지질박물관 등을 직접 가보기도 했다.

공부는 무조건 혼자 했다. 학원은 전혀 다니지 않았다. 초등학교 6학년 겨울방학 때 종합학원을 잠시 다녔었다. 그런데 설명도 자세히 해주지 않고, 강사들이 학생들에게 잘 대해주지도 않는 것 같아 크게 실망한 이후에는 학원을 다니지 않고 혼자 공부했다.

공부에만 매진한 건 아니었다. 고등학교 때 직접 친구들과 함께 밴드동아리를 만들어 공연활동을 했다. 나는 어릴 때부터 악기 다루는 것을 좋아했다. 원래 피아노를 쳤는데, 좀 더 신나게 연주할 수 있는 드럼을 해보고 싶다는 생각이 들어 교내 밴드부를 직접 만들었다. 학교축제 때 공연도 하고, 수원시 동아리경연대회에도 나가게 되었다.

봉사활동을 할 때도 밴드부활동이 이어졌다. 수원의 사회복지법인 경동원에서 도움을 받고 있는 아이들을 위해 밴드부원들과 함께 연주를 하며 즐거운 시간을 보내기도 했다. 크리스마스 캐럴이나 동요 등을 연주했다. 비록 큰 도움은 아닐지라도 즐거워하는 아이들의 표정에서 큰 보람을 느꼈다.

Advice 다양한 관심분야 활동과 체험이 돋보인다. 특히 '공부만 잘하는 학생'이 아닌 '예술'분야에서도 열심히 활동했다는 점이 눈에 띄는 스펙이다.

사례22 영재교육원 경험이 생명과학자의 문을 열어줘

나는 어릴 때부터 수학·과학을 좋아했기 때문에 초등학교 때부터 과학에 관련된 일을 하고 싶었다. 5학년 때 교육청 영재교육원에 들어가 다양한 실험을 할 수 있었다. 영재교육원에서 평소 할 수 없는 여러 가지 실험을 하는 게 너무 재미있었다. 그 당시 황우석 박사의 연구가 떠들썩했는데 이때 나도 생명과학을 연구하고 싶다는 목표를 갖게 됐다. 중학교 때도 영재교육원을 다녔고, 고등학교에 진학해서는 교육청 영재학급에 지원했다. 과학동아리에서도 활동했다.

고1 때는 생물자원보전 청소년 홍보대사 활동을 했다. 멸종위기의 생물들 가운데 하나를 선택해 보호하는 역할이었다. 그 중에서 나는 저어새를 보호하는 활동을 했다. 내가 사는 인천 근처에 저어새 서식지가 있다. 그런데 저어새가 멸종위기에 처했다는 사실을 알고 너무 안타까웠다. 그래서 친구들과 함께 저어새 관련 팸플릿을 만들어 돌리기도 하고, 교내에서 저어새 그리기 콘테스트를 열기도 했다. 사실 많은 학생들은 저어새가 어떻게 생겼는지도 모르는 실정이다.

올림피아드와 발명품경진대회에도 꾸준히 나갔다. 특히 전국 청소년 물리토너먼트와 창의력 올림피아드에 나가기도 했다. 골드버그 장치라는 게 있는데, 도미노와 비슷한 방식으로 과학적 원리를 이용해 쭉 이어지게 만드는 장치이다. 직접 톱질도 하면서 만들었다. 여러 대회를 준비하면서 힘들었지만 너무 재미있었고, 평소 할 수 없는 경험이라는 생각에 즐겁게 할 수 있었다.

나의 목표는 바이오나 생체공학 등 생명과학 분야에서 연구활동을 하는 것이다. 지금까지 대회에서 큰 상을 받지도 않았고, 내신 성적도 월등히 뛰어난 것도 아니다. 그러나 학교를 다니면서 과학동아리 활동을 열심히 하고, 일반고 학생 신분으로 다양한 경험을 한 점을 좋게 평가받은 것 같다.

Advice 초 · 중 · 고로 이어지는 영재원 이력 및 과학 관련 활동은 높이 평가받는다. 다양한 경험 외에 깊이 있는 논문, 보고서, 수상실적 등이 추가되었다면 더 좋은 평가를 받았을 듯.

사례23 로봇 전문가의 꿈을 이루고자 인문계에서 실업계로

보통 남자아이들이 그렇듯, 나 또한 어렸을 때 레고 장난감이나 로봇을 무척 좋아했다. 설명서 없이 형태만 보고도 조립을 할 줄 알았고, 내 생각대로 이리저리 고치면서 로봇을 조립했다. 손목시계, 도어락, 메트로놈 등 궁금한 물건은 모조리 분해하기도 했다.

초등학교 2학년 때 과학잡지에서 로봇대회 기사를 보고 처음 참가했는데 일등을 하면서 더욱 로봇에 관심을 갖게 됐다. 그때부터 '로봇 만들기'라는 취미에 푹 빠졌다. 중학교 때까지 방과후나 주말 등 시간이 날 때마다 쉼 없이 로봇을 만들었다. 뭔가 아이디어가 떠오르면 그 자리에서 바로 만들어야 직성이 풀렸다.

어릴 때부터 관심을 갖고 보고 배운 것이 로봇이니까, 내 생각을 로봇으로 표현할 수밖에 없다. 화가가 그림으로 자신을 표현하는 것과 마찬가지인 것이다. 예를 들어 '걷는 게 불편하면 어떻게 하지? 제대로 걷고 싶지 않을까?'라는 생각이 들면 내가 직접 로봇 다리를 만들어보는 것이다. 길을 가다가도 뭔가 좋은 생각이 떠오르면 재료를 급하게 구해서라도 바로 만들어보곤 했다.

중학교를 졸업하고 나는 일반고에 진학했다. 로봇은 잠시 접어두고 우선 공부에 매진해야겠다는 생각에서였다. 로봇은 대학에 들어가면 만들자고 나 자신을 다독였다. 하지만 로봇에 대한 열정은 식을 줄 몰랐다. 교과 공부를 하면 할수록 로봇공학자라는 꿈과 멀어진다는 생각이 들었다. 결국 고1 2학기 때 로봇동아리가 있는 D정보통신고로 전학을 했다.

전학 후 로봇동아리에 들어가서 로봇제작에 매진했다. 2007년에 국제 로봇올림피아드 한국대회에서 대상인 전 과학기술부 장관상을 받았고, 2008년에는 국제 로봇올림피아드 세계대회에서 3위를 차지하기도 했다. 초등학교 때부터 각종 로봇대회에서 받은 상이 120여 개가 넘는다.

Advice 상위권 대학에 합격할 만한 힘있고 진실성이 넘치는 스펙이다. 객관성 있는 수상실적, 뚝심 깊게 목표를 향해 달려온(고교 진학) 의지가 돋보인다.

나는 어려서부터 집과 건물에 관심이 많았다. 초등학생 때부터 문구점에서 나무를 사다가 머릿속으로 구상했던 집을 직접 만들고, 인터넷에서 예쁜 집 모형을 찾아보곤 했다. 초등학교 4학년 때 '심즈(건물, 도시 등을 만드는 생활 시뮬레이션 게임)' 게임을 하기 시작했는데 고교 3학년까지 계속했다. 그만큼 집을 짓고 설계하는 것이 재미있었다.

중학교와 고등학교에 올라가서도 방과후나 주말을 이용해 건물모형을 계속 만들었다. 미국 국회의사당, 샤또 드 샹보르 성, 부르즈 알 아랍 호텔의 건물모형을 만들었다. 컴퓨터로 바닷가 대저택, 지하가 있는 모던하우스 등 다양한 그래픽 조감도를 그리기도 했다. 울산대 건축대학에서 주최한 제17회 건축디자인탐구대회에도 참가해 '컨테이너 하우스'의 설계도면과 건축모형, 조감도로 장려상을 받았다. 컴퓨터를 자주 다루다 보니 워드프로세서, 컴퓨터활용능력, 정보기기운용기능사, 정보처리기능사 등의 자격증까지 취득했다.

남자아이들이 취미로 게임을 하듯, 나는 건축에 빠져들었다. 건축 이야기나 특정 건물의 기사가 나오면 스크랩을 해두고, 건축 관련 정보를 열심히 찾아봤다. 문득 떠오른 아이디어는 적어뒀다가 시간이 날 때마다 컴퓨터로 설계도나 조감도를 그려보곤 했다.

길에서 눈에 띄는 건물을 발견하면 '어떤 용도로 지었을까?', '저렇게도 지을 수 있구나'라는 생각이 들었다. 해외여행을 갔을 때도 그 나라의 건물을 더 유심히 살폈다. 그리고 유럽, 중국, 홍콩, 일본 등을 여행하면서 본 건물을 소재로 여행일지를 썼다. 이런 활동은 자연스럽게 '건축가'라는 꿈으로 이어졌다.

오스트리아에 갔을 때 건축가 훈데르트 바서가 지은 건물을 보았다. 건물의 곡선이 아름답게 느껴졌다. 나도 훈데르트 바서처럼 우리나라 전통건축의 곡선미를 살린 건물을 짓고 싶다는 생각이 들었다.

> **Advice** 초등학교 때부터 중·고교까지 지속된 전공 영역에 대한 재능과 열정이 돋보인다. 일찌감치 '비교과' 관리를 한다는 것이 얼마나 중요한지 새삼 느끼게 하는 모범 사례.

사례25 학교 모둠활동을 통해 PD의 꿈 찾아

학교 모둠활동 중 '미래의 나'를 주제로 UCC 만들기를 했다. 친구들과 주제를 정하고 주인공, 장소 등을 설정하며 UCC를 제작하기 시작하였다. 한 달 동안 주말마다 친구들과 만나 완성한 UCC를 친구들 앞에서 보여주게 되었을 때 정말 긴장되었다. 그리고 선생님께 칭찬을 받게 되자 모든 긴장이 풀리면서 뿌듯한 마음이 들었다.

그 이후로 방송을 볼 때마다 저 프로그램을 만들기까지 얼마나 많은 노력들을 했을지 느껴지면서 나도 다시 한 번 프로그램을 만들어보고 싶다는 생각이 들었다. 그러면서 PD라는 직업에 관심을 가지게 되었고, 반드시 PD가 되어야겠다는 꿈을 가지게 되었다.

지금은 중3이라 방송반에 들어갈 수 없어 아쉽지만, 고등학교에 입학하면 꼭 방송반 활동을 하고 싶다. 요즘은 주말에 야외에 나가서 캠코더로 촬영도 하고, 내가 PD가 되면 어떤 프로그램을 만들지 노트에 적어보기도 한다.

그러다 느낀 것 중 하나가 좀 더 많은 지식이나 이야기들을 아는 것이 중요하다는 생각을 하였다. 방송을 통하여 사람들에게 잘못된 정보를 알려주었을 경우 큰 문제가 되기 때문이다. 그때부터 신문을 열심히 읽고 관심 있는 자료는 스크랩을 하였다. 그리고 시사토론반에 들어가 국내외 시사문제 자료를 체계적으로 수집하고 패널토론을 벌였다.

 스스로 진로를 찾아나가는 과정이 순수하다. 전공 관련학과 및 직업 등에 관한 보다 객관적인 정보탐색을 해야 할 듯. 교내외 다양한 관련활동과 대회 및 행사참가, 수상 등으로 이어질 수 있도록 지속적인 노력이 필요하다.

사례26 역사에 대한 관심이 다양한 활동으로 이어져

내가 처음으로 역사연구가가 되겠다는 꿈을 가지기 시작한 것은 역사책을 좋아하면서부터이다. 역사책 속에 나오는 사람들을 보면 현대보다 과학이 훨씬 뒤떨어지던 시대임에도 불가능할 것이라고 생각했던 것들을 만들어 내고 실현해 나가는 모습들이 정말 놀라웠다. 그리고 그런 이야기들을 친구들에게 이야기해 주는 것이 재미있었다.

역사탐험대 활동을 하며 우리나라의 많은 유적지들을 직접 돌아볼 수 있었다. 통영 및 한산도 일대를 중심으로 충무공의 사적을 답사하고 보고서도 작성하였다. 그러다 나만 이렇게 알고 끝날 게 아니라 다른 사람들, 나아가서는 외국인들에게도 소개해 주고 싶은 생각이 들었다. 그래서 만든 것이 우리 역사를 소개하는 블로그였다.

처음에는 한글로만 소개했는데, 한글과 함께 외국어로 알려주면 외국인들에게도 더 많이 알릴 수 있을 것이라는 생각을 하여 그때부터 영어 공부도 열심히 하기 시작하였다. 그 후에는 한글과 영어를 함께 기재하였다. 그러면서 차츰 외국어에도 관심이 많아져 중국어도 공부하기 시작하였다.

 초등학교 때부터의 이러한 관심이 지속적으로 이어진다면 좋은 평가가 기대

된다. 역사 관련 체험과 더불어 기록물, 한국사인증시험 등에도 도전해 볼 것.

사례27 한 권의 책이 국제변호사의 꿈을 찾게 해

아직도 많은 나라에서 인권보호법이 없어 학대받는 아이들이 많다는 내용의 책 한 권을 읽게 되었다. 이 책을 읽은 후 한국뿐 아니라 세계에서 활동하는 법조인이 되어 소외된 이들을 돕고 싶다는 생각을 하게 되었다. 그러기 위해 영국의 옥스퍼드대학이나 케임브리지대학에 진학하는 것을 목표로 하고 있다. 법률사무소를 거쳐 국제변호사로 활약하겠다는 구체적인 계획을 세워놓고 있다.

평소에는 블로그를 통해 생활 속에서 나타나는 법 관련 사항들에 대한 알기 쉬운 판례 적용과 법 적용시 발생할 수 있는 문제점 등 다양한 생활 속의 법률활동들을 해왔다. 또한 영화나 뉴스 등과 같은 사회적 이슈에 대해 법학적 관심에서 접근한 해석 등을 꾸준히 공부할 수 있었다. 책과 인터넷을 통해 스크랩을 하여 법학과와 법조인에 대한 정확한 이해를 하였으며, 법원, 경찰서, 검찰청 등에서 봉사활동을 하면서 해당학과에 대한 이해를 할 수 있었다.

법원에 가면 재판을 볼 수 있는 기회들이 있으나 학기 중에는 시간이 맞지 않아 볼 수 없는 것이 많아 아쉬웠다. 그래서 방학 때는 서울 법원에 가서 재판과정을 지켜보고 집에 돌아와서는 만약 내가 판사나 변호사였다면 어떻게 판결을 내리고 변호하였을지에 대해 소감문을 작성하고는 하였다.

 자신의 관심 영역을 향해 다양한 활동 영역으로 확대시키는 과정이 좋다. 특

정주제에 대한 학습, 체험, 연구 등을 기록물로 꼭 남겨둘 것.

사례28 곤충에 대한 관심이 자연스럽게 환경으로 이어져

어린 시절부터 틈만 나면 집 주변이나 시골 할머니댁의 인근 야산에 가서 곤충들을 채집하여 실험에 매달렸다. 초등학교 입학 전부터 책을 통하여 곤충의 세계에 흥미를 느낀 이후 개미, 전갈, 사슴벌레 등 곤충에 푹 빠졌다. 그리하여 관련 책과 다큐멘터리를 섭렵하며 인터넷 카페에서도 활동했다.

여름휴가 때도 온 가족이 함께 산으로 가서 사슴벌레를 채집하고는 했다. 그렇게 산을 다니다 보니 환경오염에 대한 생각을 가지게 되었다. 내가 좋아하는 곤충들이 잘 서식하기 위해서는 깨끗한 환경이 유지되어야 하는데 쓰레기들을 많이 볼 수 있었기 때문이다.

그래서 친구들과 환경보호동아리를 만들어 운영하였다. 환경을 보호할 수 있는 방안에 대하여 토론도 하고 글을 써서 기고하기 시작했다. 휴일에는 함께 모여 환경단체에서 봉사활동도 하였다. 지역환경캠프에 참가하여 동강의 지형과 식생분포 등을 조사하기도 하였다. 환경 전문가가 되겠다는 목표가 생기면서 수학·과학 성적이 상위 5% 이내에 드는 등 다른 과목에 비해 성적도 좋아졌다.

> **Advice** 똑같이 '곤충' 관심으로 시작했는데, 다른 학생은 '곤충학자'의 꿈을 키우는 반면, 이 학생은 '환경'으로 방향을 잡았다. 체험과 학습, 교과관리 등을 성실히 관리하는 과정이 돋보인다.

사례29 발명 목표가 멀어졌던 공부에 가속도를 붙이는 계기가 되어

시계를 분해하고 자전거의 볼트를 빼고 조이는 과정을 즐기는 나는 조립도를 보지 않고 모형을 조립하는 등 기계에 대한 남다른 관심을 오래 전부터 가

지고 있었다. 중학교 시절에는 자전거의 볼트와 너트의 구조를 이해하려 노력했고 이후 디지털고등학교에 진학하여 발명동아리에서 발명품을 제작하기 위해 직접 청계천 등을 돌아다니며 부품들을 만들어 가지고 다니곤 했다.

중학교 시절부터 생각해 왔던 '겸용드라이버'를 고등학교 1학년 때 우연히 대회에 나가 시제품으로 제작을 하게 됐다. 하지만 주변의 여러 사람들은 발명품이 구동되지 않을 것이라고 비판을 쏟아냈다. 나는 오기가 생겨 발명품에 관련된 문제들을 해결하고 싶었다.

이때부터 나는 시립도서관 등을 돌아다니며 기계공학과 관련된 전문서적들을 뒤적거리기 시작했다. 그리고 실험실을 빌리기 위해 서울에 있는 모든 대학교에 전화를 해서 발명품에 대한 실험을 해보려고 노력했다. 또 모르는 공식과 법칙이 나오면 무조건 외우며 어떻게 해서든 문제를 해결하기 위해 온갖 노력을 기울였다. 겸용드라이버는 내게 끝내는 미해결 문제로 남아 있다. '발명가'라는 목표가 생긴 후 나는 성적관리, 영어, 수능대비 등에 최선을 다했다.

대학에 들어가면 재료역학, 재료과학 등을 배워 문제점을 꼭 보완하겠다는 생각을 가지고 있으며, 이것으로 부족하면 대학원에 진학하여 연구원이 되어 평생 동안이라도 꼭 문제점을 보완하겠다는 목표를 가지고 있다. 이러한 목표를 위해 기회가 된다면 기계공학뿐 아니라 무기화학과 신소재와 관련한 복수전공을 하면서 문제점을 해결하고 싶다.

Advice 실업계 고등학교에 다니면서도 수능과 영어 등의 관리를 잘한 점, 자신의 꿈을 위해 거쳐왔던 과정이 거창하거나 화려하진 않지만 '겸용 드라이버'에 관한 집착과 오기가 '발명'에 대한 열정을 진하게 느끼게 한다.

동아리활동 : 25개 활동 사례 & 에듀팟 가이드

• 동아리활동이란?

· 서로 같은 취미나 특기 · 적성을 가진 학생들이 모여 자신의 소질과 적성을 창의적으로 계발하고 발전시킴으로써 자아실현의 기초를 형성하고, 사회성과 협동심을 기르고 다양한 자기표현 능력을 신장시키는 집단활동이다.

· 동아리활동은 크게 학술활동, 문화예술활동, 스포츠활동, 실습노작활동, 청소년단체활동 등으로 구분된다.

• 기록방법

· 학교에서 조직한 동아리에 지속적으로 참여하여 활동한 후 구체적인 활동내용과 소감을 기록한다.

· 본인의 특기나 적성, 흥미 등과 관련지어 작성하고 동아리의 취지나 목적과 관련된 구체적인 활동내용을 제시한다.

· 자신이 활동했던 분야에서 새롭게 배우게 된 내용을 중심으로 기록하며, 동아리활동을 통해 깨달은 점, 달라진 점 등을 솔직하게 작성한다.

• 기록내용

· 참여한 동아리활동명, 활동기간, 담당교사, 동아리인원수, 활동장소, 첨부파일, 참여동기 또는 목적, 참여프로그램 내용 및 소감 등을 기록한다.

· **유의사항**

· 연간 운영된 동아리활동에 대해 기록하되 전반적이고 추상적인 소감보다는 의미 있었던 행사나 활동을 위주로 구체적인 참여동기, 준비과정, 평가(느낀 점, 배운 점)가 들어가도록 작성한다.

· 동아리에서 봉사활동 또는 진로활동과 연계하여 운영했을 경우, 중점 활동 영역을 한 군데 선정하여 기록한다.

가. 화면구성

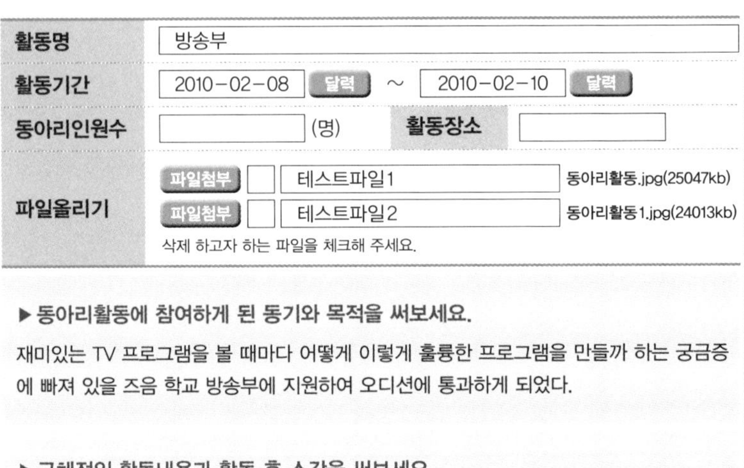

나. 세부메뉴 설명

①동아리명 (활동명)						
②활동기간				③담당교사		
④동아리인원수				⑤활동장소		
	번호	파일명	용량	설명	추가 제거	다운로드
⑥첨부파일	1	활동.hwp	16KB	문서1		
	2					
⑦동아리활동에 참여하게 된 동기 또는 목적을 써보세요.						
⑧구체적인 활동내용과 소감을 써보세요.						

① **동아리명(활동명)** : 동아리명과 활동한 내용 혹은 행사명을 간단히 입력한다.
　예) 방송반－축제 프로그램 준비, 방송반－UCC제작

② **활동기간** : 활동기간은 동아리활동 기간 전체로 할 수도 있지만 특정 프로그램 혹은 행사운영 기간이나 분기별, 학기별로 나누어 정할 수 있다.

③ **담당교사** : 동아리활동에 대한 승인교사로 조회/등록 버튼을 눌러 동아리 담당교사명을 클릭한다.

④ **동아리인원수** : 동아리 정규인원수로 해도 되지만 특정활동 위주로 소감문을 적을 때는 활동에 참가한 인원수를 적어도 된다.

⑤ **활동장소** : 실제로 활동한 장소를 구체적으로 기록한다.

⑥ **첨부파일** : 동아리활동과 관련된 증빙자료를 올린다. 첨부파일의 크기는 10MB 이내, 사용가능한 파일의 확장자는 jpg, gif, hwp, xls, ppt, pdf이고 첨부파일에 대한 설명을 기록한다. 파일의 첨부는 4개까지 가능하고 첨부자료의 다운로드도 가능하다.

⑦ **동아리활동에 참여하게 된 동기** : 처음 동아리활동을 시작하게 된 계기나 관심을 갖게 된 이유 등을 간략하게 기록한다.

⑧ **구체적인 활동내용과 소감** : 학교의 동아리활동 운영방식을 고려하여 분기단위, 학기단위로 활동내용과 소감을 기록한다.

다. 작성방법 및 예시자료

· 동아리활동을 위한 운영계획을 미리 수립하여 활동하고 그 결과에 대한 반성을 기록하는 것이 좋다.

· 동아리활동을 통해 자신의 적성과 소질, 잠재된 능력과 관심분야에 대한 노력 정도, 타인과의 교류 능력, 참여도와 성실성 등이 평가됨을 염두에 두고 작성한다.

· 단순한 활동이나 실적의 나열보다는 동아리활동 경험이 본인의 학교생활이나 성장에 어떠한 영향을 주었고, 자신의 적성과 진로, 관심분야와 연관지어 작성하는 것이 좋다.

· 동아리활동에서 리더십 발휘, 다른 사람과의 교류활동, 공동의 목표를 위한 협동 과정을 나타내는 것이 좋다.

· 동아리 실적이 뛰어나거나 겉으로 드러나지 않더라도 동아리 운영여건과 환경에 비추어 노력한 점을 적극적으로 기록한다.

· 동아리활동과 관련된 교외대회에 참가한 경우 구체적인 수상내용은 기록하지 않는다. 그 대신 대회를 준비하면서 자신에게 미친 변화와 영향, 어려웠던 점과 그것을 어떻게 극복했는지 등에 대해 기술한다.

· 동아리에서 자신의 역할은 무엇이며 그 역할을 통해 자신의 능력을 어떻게 발휘했고 무엇을 배웠는지를 기록하는 것이 좋다.

· 동아리활동의 증빙자료로 동아리 회의록, 행사나 프로그램 계획서, 동아리 운영계획서, 교육활동 자료, 활동사진, 작품사진, 동아리 홍보자료 등을 첨부파일로 올릴 수 있다.

영역	세부활동 분야
학습활동	외국어회화, 과학탐구, 사회조사, 컴퓨터, 인터넷, 신문활용, 발명, 다문화탐구 등 주로 교과와 관련된 연구 및 탐구활동
문화예술활동	문예, 창작, 회화, 조각, 서예, 전통예술, 현대예술, 성악, 기악, 뮤지컬, 오페라, 연극, 영화, 방송 등 문화 및 예술 분야와 관련된 창작활동
스포츠활동	구기, 육상, 수영, 체조, 베드민턴 인라인스케이트, 하이킹, 야영, 민속놀이, 씨름, 태권도, 택견, 무술 등 다양한 신체활동으로 스포츠 역량을 강화시키는 활동
실습노작활동	요리, 수예, 꽃꽂이, 조경, 사육, 재배, 설계, 목공, 로봇제작 등 학생이 직접 배운 이론을 적용하여 실제로 만들어보는 활동
청소년단체활동	스카우트연맹, 걸스카우트연맹, 청소년연맹, 청소년적십자, 우주소년단, 해양소년단 등으로 정부나 지방자체단체, 민간에서 설립한 청소년 시설에서 운영하는 각종 동아리

내가 화학을 좋아하게 된 동기는 주기율표와 염산으로 앙금을 녹이는 실험에 대해 관심을 가지기 시작한 후 사촌형이 중학교 때 보여준 화학 인터넷 강의를 접하고 나서부터이다. 그래서 고등학교에 올라와 화학동아리에 들어가게 되었다. 동아리에 들어가자마자 교내 과학전에 참가하기 위하여 두 달 동안 동아리의 친구들과 여러 가지 아이디어를 내며 열심히 준비한 끝에 좋은 결과를 얻었다.

그 기세를 바탕으로 대한민국 과학축전을 준비하기 시작하였는데, 그 어느 때보다 참여도가 높았다. 그리고 학교 축제에서 우리 동아리를 소개할 과학UCC를 제작하였다. 평소 동아리활동 모습과 화학이 얼마나 즐거운 것인지 사람들에게 알리기 위해서이다.

학교 축제 때도 은동전 만들기, 야광팔찌 만들기, 녹말반응 실험 등 다양한 화학실험을 준비하여 축제에 방문한 사람들이 즐겁게 참여하도록 하였다. 그리고 축제 때 활동하는 모습을 보고 초등학생들에게 이런 화학 실험을 체험해 볼 수 있는 기회를 만들어달라고 부탁하시는 분도 계셨다. 동아리 담당선생님께서도 흔쾌히 허락하셔서 토요일 수업이 끝난 후 교내 과학실에서 초등학생들에게 화학 실험을 보여주고 직접 참여할 수 있도록 지도하였다.

Advice '화학'에 대한 관심을 교내 동아리의 다양한 활동으로 발전시켰다. 혼자 했다면 불가능했을 것이다. 자신의 관심사를 다양한 활동으로의 연계, 이것이 동아리의 힘이다.

사회과학동아리에 처음 참여했을 때는 단순히 논술을 준비하는 데 있어 조금이나마 도움이 되지 않을까 하는 생각에서였다. 그런데 열심히 토론하는 친구들의 모습을 보고 자신이 부끄럽고 사회문제에 대해 너무 무관심했었다는 반성을 하게 되었다.

1년 동안 많은 주제들을 가지고 친구들과 서로 의견을 교환하며 내가 한 계단 발전했다는 기분을 느낄 수 있었다. 1년의 활동이 마무리될 때쯤 각자 원하는 주제의 논문을 써서 논문집을 만들기로 하였다. 나는 '변화하는 미디어 환경 속의 미디어의 공공성'이라는 주제로 논문을 작성하였다.

미디어는 사회에 큰 영향력을 행사하고 있다. 그러한 미디어 환경이 급속하게 변하고 있다. 그 속에서 미디어의 공공성은 어떤 의미이며 변화하는 환경에서의 공공성을 재정립해 보고 현재의 상황을 진단해 보았다. 친구들과 각자 그동안 관심 있었던, '일제 식민사학의 성립과정과 그 실상', '외규장각 도서의 반환문제', '10대가 쓴 청소년의 비행' 등 다양한 주제의 논문들을 작성한 끝에 멋진 논문집을 완성할 수 있었다.

Advice 동아리활동 중 '논문집' 작업은 학교 측으로부터 좋은 평가를 받는다.

제인구달의 〈희망의 이유〉를 읽고 자연보호, 밀림보호, 보호동물들에 관한 이야기나, 〈난장이가 쏘아올린 작은 공〉을 읽고 서민층의 삶과 폐쇄적인 우리 사회의 실상에 대하여 토론을 하였다. 토론을 준비할 때는 단순히 책만 읽고 이야기를 나누는 것이 아니다. 사전에 그와 관련된 사건들이나 기사 등을 조사하여 현재 어떤 모습으로 책의 내용과 같은 일들이 이루어지고 있는지 토론하며 해결방안 등을 모색해 보았다.

그러다 생각해 낸 아이디어가 독서토론 신문을 만드는 것이었다. 책을 한 권 정하여 책 속의 내용을 실제의 사건이라 생각하고 기사를 작성하는 것이었다. 그리고 우리가 따로 준비한 현실세계의 사건 기사들을 싣고, 그에 대한 우리의 생각을 사설로 작성하여 넣었다. 그리고 이것을 우리 동아리 학생들만 보는 것이 아니라 동아리실 앞에 비치해 놓고, 원하는 학생들도 가져다 읽을 수 있도록 하였다.

이렇게 일상생활에서 일어나는 사건과 연계한 독서지도를 통하여 비판적이고 분석적인 사고능력과 함께 창의적 문제해결능력을 키울 수 있었다.

Advice　동아리에서 창의적인 아이디로 기획된 의미 있는 활동이 눈에 띈다. 토론을 요약 정리한 노트, 독서록, 신문 등은 인문계열에서 전공학과와 상관없이 주요 증빙자료가 될 것이다.

사례4　비공식 동아리를 노력 끝에 공식 동아리로 승인받게 하다

나는 반 친구들 11명과 함께 비공식 동아리를 만들었다. 한국모의국제회의를 준비하기 위해서이다. 방과후 함께 영문 에세이도 쓰고, 영자신문을 읽고 국제시사에 대해 토론을 했다. 비공식으로 활동하는 만큼 어려운 점도 있었다. 동아리실을 배정받지 못하여 방과후 빈 교실에서 할 수밖에 없었다.

몇 번하다 말겠지 하는 마음으로 지켜보시던 영어 선생님께서 모의국제회의에 참가한 후에도 계속 모여서 열심히 하는 모습을 보시고는 공식적인 영어토론동아리로 승인을 받도록 도와주시고 담당선생님의 역할도 맡아주시기로 하셨다. 1학년이었던 우리가 2학년이 되어 새로운 회원을 모집하였다. 공평함도 갖추어야 하고, 영어실력도 점검해야 하기 때문에 어떠한 방식으로 뽑을지 고민되었다.

일단 동아리에 가입하기 원하는 학생들을 대상으로 자유주제로 영어 에세이를 받았다. 생각보다 많은 학생들이 지원해서 에세이를 일일이 다 검토한 후 일부 학생만을 뽑아 면접을 보기로 하였다. 면접을 할 때는 원어민 교사에게 부탁해 면접관이 돼달라고 요청했다. 신입생들이 들어온 후에는 한 달에 한 번씩 2학년 1명과 1학년 1명이 짝이 되어서 후배들이 작성한 에세이를 봐주기도 하고 선배로서 어려운 문제들에 대하여 상담해 주는 역할도 맡았다.

> **Advice** 동아리 창립 멤버들은 기획력, 추진력 등을 더 높이 평가받는다. 동아리를 만드는 과정 자체가 잠재력을 보여주는 주요 자료가치가 있으므로, 자신이 원하는 동아리가 없을 경우 적극적으로 만들어보라고 제안한다.

사례5 학교 신문기자 활동으로 세상에 대한 시야 넓혀

고등학교에서 학교 신문기자로 활동을 했다. 학교 행사가 있을 때는 사진도 찍고 기사도 작성하였다. 한 번은 졸업한 선배 중 일부를 인터뷰하여 기사를 쓰는 특집을 만들어 직접 찾아가 인터뷰를 진행했다. 내가 맡은 분은 현재 판사로 재직 중인 선배님이었는데 다소 두려운 마음으로 찾아갔다. 그러나 선배님은 우리를 반갑게 맞아주시며 학교의 옛날 이야기들도 들려주시고, 후배들에게 조언도 해주시며 판사가 되고 싶어하는 친구들에게는 자신의 공부 노하우들을 이야기해 주셨다.

이 졸업생 특집 기사는 다른 어떤 때보다 학생들에게 많은 관심을 끌었다. 아마도 지금의 우리들처럼 갈등을 겪으며 꿈을 이룬 모습들을 보며 그것이 앞으로 자신의 모습이 될 수 있다는 희망을 갖게 만든 것 같다.

그 외에도 신문기자 활동을 하며 대학탐방, 직업탐방, 인물탐방 등의 지면을 통해 〈광수생각〉의 박광수 씨, 팝 칼럼니스트 성우진 씨, 그 외에도 카메라 맨, TV기자 등 다양한 직업을 가진 사람들을 만날 수 있었다. 이러한 활동은 나에게 세상에 대한 시야를 넓혀주었고, 보다 적극적인 성격을 가지는 데 큰 도움이 되었다.

Advice 학교신문기자 활동이 두드러져 보인다. 롤모델을 정해 교류를 갖거나 언론사 현장체험 등을 덧붙이면 보다 빛이 날 것이다.

사례6 동아리를 통해 우리 문화를 세계에 제대로 알리고 싶어

나는 세계 각국의 인터넷 사이트를 검색하며 우리나라에 대해 잘못 소개한 부분을 찾아내 오류를 바로잡는 일을 하는 고교연합동아리 HIFCO(historical fallacy correcting organization)에서 활동하고 있다. 중학교 시절부터 반크활동을 하면서 이런 문제에 관심이 많았다. 세계 사람들이 우리 문화에 대하여 제대로 이해 하지 못하고 중국이나 일본의 문화라고 오해하거나 무시하는 듯한 글을 볼 때면 화가 났다. 그래서 반크활동을 했는데 고등학교에 들어와서도 이런 동아리에서 활동을 하고 싶었다.

우리 문화재의 소개, 독도 문제 등 사회적 이슈를 담은 브로셔를 만들기 위해 꼬박 1년간 매달렸다. 이미 나온 기사자료뿐 아니라 옛날 자료들도 직접 찾아보면서 자료를 수집하였고, 공부 시간을 쪼개가며 동아리 회원들과 함께 기사를 써서 영어로 번역했다. 그리고 무엇보다 중요한 것이 브로셔를 만드는 데 필요한 스폰서를 구하기 위하여 열심히 뛰어다녔다.

처음에는 어린 학생들이라고 무시하며 이야기도 듣지 않고 거절하는 곳도 있었으나 다행히도 우리의 프로젝트 내용을 직접 보고 도와주는 분들이 있어서 브로셔가 나올 수 있었다. 코엑스에서 열린 청소년 동아리 엑스포에 참여해 다양한 홍보활동을 전개해 EBS 등 언론의 주목을 받기도 했다.

> **Advice** 이러한 활동은 역사의식, 협동능력, 배경지식 등과 더불어 영어능력까지 평가받을 수 있다. 단, 활동은 다양하고 화려한데 '깊이'가 떨어지는 경우가 종종 있으므로 논문집, 인증 및 수상실적, 교과성적 등을 잘 관리할 필요가 있다.

사례7 글쓰기 모임에서 상상의 나래로 스펙 쌓아

고등학교 3학년, 한창 모의고사와 내신을 대비하느라 구슬땀을 흘리고 있어야 할 1학기 기말고사 전, 나는 성적보다 더 귀하고 값지게 여겨지는 보물을 가슴에 안았다. 〈꿈꾸는 다락방〉이라는 제목이 붙은 한 권의 책이었다.

글쓰는 모임인 다락방 동아리 회원이 된 것은 고1 가을. 원래 글쓰기를 좋아했던 나는 선배들이 발간한 동아리 작품집을 보고 가슴이 설레었다. 그런데 공부에 대한 압박감이 심한데 이런 활동을 제대로 할 수 있을까 하는 의문이 들었고, 부모님도 걱정을 많이 했다. 담임선생님도 달가워하지 않으셨다. 그런데 동아리 담당선생님께서 '비교과가 중요해지는데, 이러한 동아리 활동 결과물은 생활기록부에도 게재가 되고 대학 측에서도 중요하게 평가해준다.'는 조언을 해주셨다. 나는 '내가 할 나름!'이라 생각하고, 동아리활동을 과감히 시작했다.

　1년 넘게 동아리활동을 하면서 두 편의 단편소설과 한 편의 동화를 썼다. 그 중에서 작품집에는 〈별을 찾아서〉라는 입시를 준비하는 고3 여고생의 애환을 담은 작품을 실었다. 한가한 시간은 눈 씻고 찾아보기도 힘든 고등학교 생활이지만, 주말이나 주중에 공부가 잘 안 될 때를 이용하여 나는 원고를 쓰곤 했다. 그럴 때마다 꿈을 꾼 것처럼 머리가 개운해지는 것을 느꼈다. 글쓰기는 나에게 '시간을 빼앗는 취미생활'이 아니라 '스트레스 해소 처방전'이었던 셈.

　나의 꿈은 국어교사인데, 고등학교 시절의 이런 활동과 작품집이라는 결과물이 입시에서나 혹은 나중에 직장생활을 할 때 학생들과의 교류에서 적지 않은 도움이 될 것이라고 확신한다.

> **Advice** 자신이 하고 싶은 일을 하면 시간을 뺏기는 것이 아니라 '스펙'도 쌓고 공부에 가속도도 붙는. 두 마리의 토끼를 동시에 잡을 수도 있다.

사례8 　과학탐구동아리, 환경문제 의식을 키우게 해줘

　과학탐구동아리를 만들어 과학탐구대회에 나가기 위하여 친구들 2명과 지구온난화에 대한 탐구를 했다. 환경은 우리들의 생활과 매우 가까우므로, 온실가스와 열이 초래하는 결과로 인한 피해가 얼마나 컸는지 조사했다. 가스를 모으기 위해 직접 트럭이나 오토바이 뒤에서 나오는 배기가스를 채집하고 음식물 쓰레기를 썩힌 후 주사기로 가스도 채집했다. 미니지구모형을 만들고 빙산과 집, 산 등을 만들어 직접 실험도 했다. 그러자 얼린 빙산이 녹으며 집을 무너뜨렸다. 그리고 수면이 높아지기 전과 똑같은 압력을 가해도 피해는 더욱더 컸다.

이런 과정을 통해 우리가 사는 지구와 환경이 얼마나 중요한지 깨달았고, 지구를 지켜야겠다는 강한 의무감이 생기는 계기가 되었다. 동아리활동을 통해 얻은 더 중요한 결과물은 나의 '친구들'이다. 나는 초등학교 내내 '수학 과학 1등'이라는 닉네임을 달고 살았다. 나도 모르게 나는 내가 제일 잘난 아이라는 자만감에 빠져 있었던 것 같다. 처음에 친구들과 같은 주제로 공동 탐구할 때는 내 의견만 주장해 한때 왕따를 당하는 슬픔을 겪기도 했다.

그러나 시행착오를 겪으며 내가 뛰어난 점이 있는 만큼 모자란 점도 많으며, 주변 친구들과의 협동이 없었다면 실험도 불가능했다는 생각을 하기에 이르렀다. 친구들과 함께하는 동아리 활동은 이러한 점이 더 소중하다고 생각한다.

 동아리활동을 통해 실적물과 경험도 중요하지만 '사회성과 인성'을 키울 수 있었다는 점이 좋은 평가를 받을 수 있다.

사례9 고등학교 때 세계토론대회에 참가하고 싶어

나는 중학교 2학년 6월에 학교 동아리 '원탁의 기사'에 가입했다. 토론을 하기 위해서는 서로 얼굴을 보면서 의견을 주고받아야 해서 토론을 위한 탁자를 '하크니스 테이블'이라고 한다. 학교 동아리도 여기에 착안해 동아리 이름을 지었다고 한다.

내가 동아리에 가입한 계기는 얼마 전 읽은 신문기사 때문이었다. 최근 개최된 'IPPF(International Public Policy Forum-세계공공정책포럼)'에서 우리나라 고등학생이 36개국 340여 개 참가 고등학교 중 4강 안에 들었다는 기사를 읽고 가슴이 뛰었다. 이 토론회는 원어민에 가까운 영어실력을 기반으로 국제 정치와 군사 이슈에 대한 식견과 깊은 고민이 두루 갖춰져야 참여할 수 있다. 이 때문에 미국에서는 고등학생들이 32강에만 들어도 지역신문과 방송에 크게 보도될 정도로 권위를 인정받는다.

올해 토론회는 '북대서양조약기구(NATO)의 아프가니스탄 군사작전은 정당화될 수 없는가'라는 주제로 열렸다. 토론회 주최 측은 세계 340여 개의 고등학교 학생들로부터 지난 7개월여간 논문 경연(essay review) 형식으로 주제 에세이를 e메일로 받아 32강을 가렸다.

32강에 선정된 팀은 다시 e메일 에세이로 주제에 대해 찬반토론을 한 뒤 심사위원단이 투표에서 16강을 정했다. 다시 같은 절차로 8강 진출팀을 가른 뒤 8팀이 뉴욕에서 직접 토론대회를 열어 4강이 가려진 것이다. 올해 토론회에서 8강 안에 진입한 학생 중 미국이 아닌 다른 나라 학생들은 우리나라의 M고교 팀이 유일했다고 한다.

나의 꿈은 외교관인데, 세계인을 상대로 멋지게 자신의 의견을 주장하는 과정에 꼭 참여해 보고 싶었다. 이 대회에 참여하기 위해서는 우선 배경지식을 쌓아야 하고 토론을 해봐야 한다는 생각이 들어서 동아리에 가입하게 되었다.

나와 비슷한 꿈을 가진 동아리 친구들은 내가 읽은 기사를 돌려보며 고등학교에 들어가면 꼭 이러한 대회에 참가해 보자고 다짐을 했다. 그리고 개인적으로는 세계대회에 참가하기 위해서는 영어를 유창하게 구사해야 하기 때문에 고등학교 1학년까지 계획을 세워놓고 영어 실력 향상에 박차를 가할 생각(영어뉴스 프로그램 시청, 영자신문 꾸준히 읽고 사설노트 쓰기 등)이다. 고등학교 진학 이후로는 우리말 토론이 아닌 영어토론동아리에 가입해(없으면 만들 예정) 회원들과 함께 대회 참가를 적극 준비할 계획이다.

 동아리활동을 통해 자신의 꿈과 목표를 구체적으로 실현해 나가는 모습이 매우 진솔하고 열정적으로 보인다.

사례 10 경제동아리를 통해 봉사, 학술 등 다른 활동으로 이어져

펀드매니저나 증권사 애널리스트를 꿈꾸는 고교 2학년인 나는 고1 때부터 경제동아리에 가입해 활동하고 있다. 동아리 가입은 쉽지 않았다. 경쟁률이 3:1에 이르고 필기 테스트와 구술면접도 통과해야 하는 등 선발 과정이 매우 엄격하게 선발하였다. 나는 중학교 때부터 경제에 깊은 관심이 있었고, 개인적으로 경제 공부를 계속 해왔기 때문에 그리 어렵지 않게 합격할 수 있었다.

우리 학교의 경제동아리 활동은 매우 활발하다. 보육원 아이들에게 경제교육을 지도해 주는 봉사활동도 하고, 전국경제연합동아리인 UHEC에도 가입해 초등학생을 대상으로 한 '새싹경제캠프'에도 참여했다. 지역 청소년수련관에서 2박3일 코스로 초등학교 2~5학년을 대상으로 개최했다. 전국의 16개 고교가 지방자치단체와 연계해 초등생에게 알맞는 경제교육을 실시했다. 이 프로그램은 기획재정부와 한국경제교육협회가 주관한 제1차경제교육대상에서 특별상을 수상하기도 했다. 연합동아리에서는 기획재정부의 지원을 받아 〈경제동아리 운영 가이드북〉도 출간할 계획이다.

새싹경제캠프를 준비하고 실행에 옮기는 데는 적잖이 어려움이 따랐다. 초등학생이 이해하기 쉽도록 풀어서 설명하는 것이 가장 중요했고, 직접 돈을 만들어보고 물물교환을 해보는 등의 체험교실 준비물을 만드는 것도 상당한 시간과 노력을 요했다.

Advice 이렇듯 교내에서 동아리활동을 하면 시작은 하나였지만 결과는 여러 개인 경우가 많다. 즉 경제동아리 하나를 시작했는데, 활동하다 보면 논문집 발간, 전국연합동아리 봉사활동, 동아리상 수상 등으로 확산이 된다. 주요 동아리는 대부분 전국고교연합동아리가 있는데 이를 통해 다양한 활동으로 이어진다. 따라서 저절로 활동 영역이 넓어진다는 점에 주목, 중 · 고교 시절의 동아리활동은 매우 중요하다.

사례11 전공에 대한 열정을 드러내기 위한 동아리활동

나는 고등학교 3학년 때 대학 관계자들의 입시설명회에서 어느 입학사정관으로부터 들은 말을 잊을 수가 없었다. 그 선생님은 입학사정관제에 대해 설명하는 20여 분의 시간 동안 수십 차례에 걸쳐 전공에 대한 열정을 반복, 또 반복했다. 그리고 '입학사정관들은 화려한 스펙에는 감동을 받지 못한다. 그러나 성실한 스펙에는 감동을 받는다.'라고도 했다. 나는 이 말의 의미를 두고두고 곱씹었다. 그리고 내가 실제로 비교과활동을 하면서 그 말의 의미를 깨달을 수 있다.

나는 고교정치외교연합 YUPAD 창립멤버 중 하나다. 정치외교 전문가의 꿈을 키우기 위해 내디딘 첫 걸음이었다. 혼자하기보다는 교내 동아리, 혹은 전국 동아리를 통해서 뜻을 펼쳐나가는 것이 의미가 클 것이라 생각했다. 교내에선 주 3회씩 교토의정서 · 동아시아 통합과 같은 굵직한 테마로 연구활동을 진행하고 정치학 관련 독서 토론시간을 가졌다. 교외행사로는 다양한 세미나와 총회를 수시로 진행해 리더십과 대회진행 노하우를 쌓았다. 박희권 주유엔 차석대사(현 외교부 조약국장)와 UNHCR 제니스 린대표와 같은 명사를 초청한 대형강연회를 개최하기도 했다. 이렇게 노력한 지 2년 만에 YUPAD는 16개 학교, 830명의 회원을 가진 전국연합동아리로 성장하였다.

나처럼 전국의 고교생 중에는 정치외교 전문가가 되고픈 학생들이 그만큼 많다는 증거였다. 당시 이렇게 목말랐던 정치외교학 관련 전국고교연합을 주도적으로 만들어내기까지 동아리 회원들과의 수많은 회의와 아이디어가 필요했고, 마침내 우린 해낼 수 있었다. '두드리는 자에게 문은 열린다.'는 말처럼 정말 내가 하고 싶고, 하고자 하는 열정이 있고, 도전정신과 아이디어가 있다면 이러한 기회는 얼마든지, 누구에게나 열려 있다는 것을 알았다.

Advice 교내 동아리에 이어 지역연합에서 전국연합동아리로 확산시키면서 활동 내용은 보다 전문화되고 세련되어졌다. 일련 과정의 결과물도 중요하지만 학생의 다양한 잠재능력을 평가받을 수 있다.

사례12 한국홍보 전문 고교연합동아리

고교연합동아리 '한알'은 번역을 활용해 한국을 홍보한다. 한국의 다양한 정보를 외국인이 모국어로 쉽게 읽을 수 있도록 만드는 작업이 주요 활동이다. 영어·일본어·중국어·스페인어·독일어·프랑스어·러시아어의 7개 언어로 번역한 뒤 인터넷상에 올리는 작업도 한다. 한국홍보 전문가 서경덕 씨와 함께 G20 정상회의를 각국 언어로 번역해 홍보했고, 독도문제와 각종정부의 보도자료도 번역해 해외사이트에 올리고 있다.

일반적인 고교 동아리에 비해 활동 범위와 활동 내용의 수준이 상당하다는 평가를 받는다. 나는 4년 간의 미국 생활을 마치고 중학교 1학년 때 귀국, 영어는 최상위권을 유지했다. 국내 최고로 인정받는 외국어고에 진학했으며, 고교 1학년 때 이 동아리에 가입해 활동하고 있다. 얼마 전 한국어판 〈비빔밥〉 책자를 영어와 일본어, 스페인어와 중국어로 번역해 출간하기도 했다. 75종의 비빔밥을 사진과 함께 수록했다. 번역의 질을 인정받기 위해 학생들이 자비를 들여 전문가에게 감수를 받기도 했다.

이런 노력에 힘입어 〈비빔밥〉은 출간한 지 두 달 만에 영어와 일본어로 초판 500부씩 출판한 것이 모두 소진됐다. 이 책은 외국인뿐 아니라 주위의 외국인에게 선물하기 위해 한국인도 많이 찾는다고 출판사 측에서 말했다.

Advice 이러한 봉사 개념이 강한 동아리활동은 외국어고가 특수학교라는 점에서 매우 유리하게 운영할 수 있다. 이렇듯 좋은 뜻이 있으면 기발한 아이디어로 시작할 수 있는 동아리활동은 무궁무진하다.

사례 13 수학동아리에 참여, 심층면접과 서류평가에서 도움 받아

나는 어릴 때부터 수학을 좋아했다. 어려운 문제를 보면 끝까지 풀고 싶다는 오기가 발동했고, 혼자 문제를 풀어 나가면서 학원도 다니지 않게 되었다. 그래서 수학은 언제나 최상위권을 놓치지 않았다. 영재원 교육을 받고도 싶었지만 학원에서 늦게까지 공부하는 친구들을 보고 엄두가 나지 않아 마음을 접었다. 나의 '수학 놀이터'를 '영재원 준비'에 빼앗기고 싶지 않았기 때문이다.

고등학교에 진학한 후 수학동아리활동을 시작했다. 수학을 좋아하는 친구 10명이 회원의 전부였다. 수학 관련 책을 읽고 토론도 했고, 이제까지 풀리지 않은 수학 문제를 두고 논쟁을 펼치기도 했다. 또한 시험 때는 각자 어려워서 풀지 못한 문제를 가지고 와서 서로 협동으로 풀기도 했다. 서로 모르는 문제를 풀어주거나 함께 풀기도 했는데, 자신이 해결한 문제는 친구들 앞에 나가 칠판에 써가면서 가르치는 형식으로 풀이과정을 설명했다. 풀이법을 연구하는 과정에서 다른 친구들의 문제해결법도 공유하면서 우리는 자연스럽게 깊고 넓게 수학 지식을 쌓을 수 있었다.

특히 발표식 풀이훈련과 다양한 방법의 풀이방식 공유는 대학 심층면접에서도 큰 도움이 되어 높은 점수를 받았다. 뿐만 아니라 수학동아리를 3년 동안 꾸준히 하면서 부회장을 맡았다. 학원에 다니지 않고도 수학 실력이 3년 내내 꾸준히 상승해 고3 때는 전교 최상위 실력을 유지했다는 점, 방대한 동아리 문제풀이 노트 등이 입학사정관들의 높은 점수를 받았다.

Advice 동아리활동으로 인해 일거다득의 결과를 얻은 케이스. 수학 실력 향상, 리더십, 심층면접 준비, 협동심 등 다양한 능력을 인정받았다.

사례 14 중학교 때 토론클럽 결성, 토론의 매력에 푹 빠져

나는 고등학교에 진학한 후 '토론동아리'에 가입했다. 중학교 2학년 때 토론의 매력에 푹 빠지면서 토론을 즐기는 사람이 되어버렸기 때문이다.

중학교 때 나는 과학을 아주 잘해서 방과후 과학심화반에서 활동했다. 어느 날 신개념에너지에 관련된 학습이 끝난 후 이 주제에 대해 토론이 이어졌다. 수업의 연장이었다. 나는 신개념에너지로서 바람의 활용을 얘기했고, 다른 친구는 태양열을 얘기했다. 그리고 어떤 에너지 자원이 더 효율적이며 발전 가능성이 있는지, 현재 사용하는 에너지의 대체성이 언제쯤 확보될 것인지 등에 대해 진지하게 토론을 벌였다.

이를 지켜보신 담당선생님께서 '너희들끼리 토론클럽을 결성해 보아라.' 라고 조언을 해주셨다. 우리는 그날 모인 7명을 회원으로 토론동아리를 결성했고, 내가 회장을 맡았다. 그 후로 중학교를 졸업할 때까지 과학 수업이 있는 날은 미리 정한 주제에 관해 토론을 하곤 해서 총 20차례가 넘는 토론 모임을 가질 수 있었다. 토론을 하면서 느낀 점은 토론 주제에 관련해 자료를 찾아야 하므로 배경지식이 쌓이는 것은 물론 상대방 앞에서 내가 아는 바를 설명하고 설득까지 해야 하니 논리성과 체계성, 타인의 배려, 순발력, 문제해결능력 등이 향상되는 것 같았다.

Advice 고교 진학 후 '과학논술토론반'으로 확장시켜 활동해 보자. 대학 심층면접 대비는 물론 다양한 스펙을 쌓을 수 있다.

사례15 천체관측대회를 준비하면서 인성교육 제대로

고등학교 진학 후 과학동아리에 가입했다. 다른 과학 관련 활동도 했지만 특히 천문학 관련 활동들을 많이 했고 누적된 실적도 좋았다. 태양 사진을 찍어 흑점을 연구하기도 했고, 매주 수요일마다 주제를 정해 동아리 부원들끼리 발표도 했다. 또한 현미경으로 관측하는 생물실험이나 화학실험도 하고, 매년 두 번 정도는 팀별 과학탐구도 하였다.

그렇게 활동하다 보니 교내의 과학경진대회, 과학독후감대회, 과학탐구대회에서 상도 우리 동아리 출신들이 많이 받았다. 지역대회와 전국대회에 나가기도 했는데, 전국 학생천체관측대회에서는 교육과학기술부장관상을 받았다. 중·고등학생을 대상으로 하는 이 대회는 과학에 관심 있는 학생이라면 누구나 참여할 수 있다.

대회에는 각 지역 예선을 통과한 40여 개 팀이 참가하였다. 중등부와 고등부로 나누어 지필고사, 천체망원경 설치·조작, 천체망원경을 이용한 관측, 천문지식 시연활동의 4개 주제로 평가를 수행하며, 대상인 교육과학기술부장관상을 비롯하여 다양한 상이 수여된다.

학교별 지도교사 1명, 학생 4명이 한 팀으로 구성되어 참가하는데, 과학실에 있는 천체관측기구를 최대한 활용하여 지필평가와 천체망원경 조작 평가를 대비했다. 매년 9월경에 예선이 실시되고 11월에 전국 본선이 실시되는데, 예선을 준비할 때는 평가원 모의고사가 있었고 본선을 준비할 때도 기말고사 대비가 걸려 있어서 어려운 점이 많았다.

성적이 떨어진다는 이유로 중도 포기를 선언하고 나선 친구를 꼬박 사흘 동안 설득해 다시 참여시킨 일도 기억에 남는다. 서로 어려울 때 밀어주고 당겨주고 몇 개월 동안 동고동락하면서 '함께하는 기쁨과 보람'을 온몸으로 체험했다. 수상한 기쁨보다 친구들과의 우정이 나에겐 그 대회를 준비하면서 얻은 가장 소중한 자산이라고 생각한다.

 동아리활동을 통한 수상실적 등도 중요하지만, 친구들과 동고동락하는 과정에서 얻은 팀워크 문제해결 능력 등이 더 높은 평가를 받을 수 있다.

사례16 축구동아리활동을 통해 축구전문가로 거듭나

나는 중학교에 진학한 이후 부모님과의 마찰이 매우 심했다. 초등학교 때부터 수학·과학이 재미있었고 경시대회에서도 우수한 실적을 보인 나는 초등학교 5학년부터 중학교 2학년인 지금까지 영재원 과정의 공부를 지속하고 있다. 부모님과 마찰을 빚은 이유는 다름 아닌 축구 때문이었다.

중학교에 들어와 나는 매일 축구를 했다. 쉬는 시간에도 했다. 정말 재미있었다. 그러다가 축구동아리에 가입하기에 이르렀다. 축구로 인해 더 바빠진 나를 보고 부모님은 걱정이 태산이었다. 함께 영재원에서 공부한 친구 중에는 이미 중학교 2학년 때 영재학교에 합격을 하기도 했다.

나는 축구를 좋아하면서 축구공에 관심을 갖기 시작했다. 그래서 중학교 2학년 초에 '월드컵 축구공의 변천사'라는 소논문을 작성하였다. 4년마다 치러지는 월드컵에 사용된 축구공이 각각 다르다는 점을 알고 축구공마다의 특징과 성능 등을 과학도의 시각으로 비교분석을 해보았다. 부모님께 이 논문을 보여드렸더니 이내 '내년에 영재학교에 지원하자.'고 기뻐하셨다.

나는 그 후로도 축구를 꾸준히 하면서 수학적 시각에서 풀어쓴 축구에 관련된 소논문을 포함하여 물리학 관련 논문까지 총 10여 편을 작성했다.

Advice 스포츠활동이 학습지능을 높인다는 학설이 있다. 뿐만 아니라 집중력, 도전정신, 사회성, 인내심, 배려심 등 다양한 능력을 평가받을 수 있는 활동이므로 영재학교 자기소개서에 자신 있게 피력해도 좋다.

사례 17 밴드부활동을 통해 자신감을 되찾다

중학교 1학년 때 나는 밴드부 동아리에 가입했다. 내가 맡은 악기는 '키보드'. 6년 넘게 피아노를 배웠던 나는 음악에 관심이 많았다. 평소에도 내가 좋아하는 곡의 악보를 다운받아서 혼자 연습해 보곤 했다.

초등학교 때 전 과목에 걸쳐 잘한다는 소리는 들었던 터라 중학교에 들어가서도 잘하리라 생각했지만, 성적표는 나를 절망시켰다. 성적표를 보실 때마다 부모님의 안색은 늘 파리해지시곤 했다. 나는 공부에 겁이 나기 시작했다. 열심히 공부한 뒤에 치른 기말고사는 성적이 더 떨어졌는데 그때는 정말 하루 종일 아무 말도 할 수 없을 정도로 내 자신에 대한 실망감이 컸다.

그러던 중 게시판에서 밴드부 모집 공고를 보았다. 나는 밴드부활동을 하면 정말 멋질 것이라 생각해서 신청서를 냈다. 담임선생님은 '공부나 하지, 그런 건 뭐 하러 하니?' 하면서 잔소리를 하셨다. 그러나 부모님은 나의 후원자가 되어주셨다. '와, 멋지겠다, 공연할 때는 꼭 가봐야지.'라며 좋아하셨다. 3:1의 경쟁률을 뚫고 키보드에 발탁되었다.

그해 가을, 교내 첫 공연이 있었는데 성공리에 끝냈다. 나는 키보드를 멋지게 연주한 덕분에 학교에서 아는 친구들과 선후배들이 많아졌다. 이런 과정을 거치고 나자 공부에 자신감이 생겼다. 하면 된다는 생각이 들었고, 다음에 치른 시험에서 성적이 평균 10점이나 오를 정도로 향상되었다.

> **Advice** 한 가지만 잘하고 인정받으면 다른 영역까지 탄력을 받는 '동반상승의 효과'가 있다. 동아리활동의 또 다른 매력이다.

사례18 응원동아리를 통해 봉사활동도 펼쳐

초등학교 6학년인 나는 요즘 매우 신이 났다. 다른 학교에서는 보기 드문 응원동아리에 가입해 활동하고 있기 때문이다. 어릴 때 사촌오빠가 다니는 대학교에 놀러 갔다가 응원단이 응원전을 펼치는 모습을 넋을 잃고 바라본 적이 있었다. 신나는 음악에 맞춰 절도 있는 동작으로 움직이는 화려한 응원단은 정말 멋있었다.

응원동아리를 모집한다고 했을 때 화려한 응원복을 입고 포즈를 취한 사진을 보면서 당장 가입해야겠다고 결심했다. 동아리 응원 지도는 학교 다닐 때 응원단활동을 했던 선생님이 맡았다.

매주 한 번씩 모여서 연습을 하는데, 운동회를 비롯해 학부모 행사 등 학교 행사에는 응원동아리가 빠짐없이 참석했다. 얼마 전에는 지역 행사에도 초청되어 응원전을 펼친 적이 있었다. 노인복지관과 아동보호시설 등의 기관에 매월 1회씩 초청공연을 다니며 봉사활동도 하고 있다.

Advice 초등학생 때의 이러한 동아리 경험은 중·고등학교 진학 후에 '비교과' 경쟁력을 향상시킨다. 동아리→지역행사→봉사로 연결되는 사례이다.

사례19 무선국동아리활동이 대학 전공으로 이어져

나는 고1 때부터 교내에서 무선국과 선플달기운동을 하는 동아리활동을 했다. 2학년 때 제3급 아마추어 무선기사 자격증을 딴 나는 고교 동아리방에서 점심시간과 저녁시간을 이용하여 국내는 물론 일본, 중국, 미국 등지의 사람들과 교신했다. 새로 교신에 성공한 지역이 생기면 동아리방에 있는 세계지도에 점을 찍어 표시해 나갔다. 내가 사는 인근 지역에서 이주노동자를 돕는 행사가 열렸을 때는 무선통신으로 행사소식을 알려 3천 명을 모으는 데 힘을 보태기도 했다.

아마추어 무선이란 개인 가정이나 직장에 무선시설을 해놓고 전세계적으로 퍼져 있는 같은 취미를 가지고 있는 사람들과 대화를 나누는 것을 말한다. 나는 이 조그만 무전기 앞에 앉으면 전세계가 내 앞에 펼쳐져 있는 것 같다는 생각에 늘 가슴이 뛰곤 한다. 정기적으로 무선통신을 하는 전세계 친구는 모두 20여 명. 동아리 친구들과 함께 대화를 나눈다.

Advice 아마추어 무선활동을 통해 언론미디어 관련 전공을 선택하는 계기가 된 사례. 활발한 동아리활동이 좋은 평가를 받아 명문대에 합격했다.

‘등산은 인내심을 기르고 성취감을 맛보게 하는 최고의 인성교육 수단이다.’라고 동아리 선생님은 말씀하신다.

우리 학교에는 여느 학교에선 찾아보기 힘든 동아리가 있다. 14년 역사를 자랑하는 등산동아리 ‘K악회’다. 평소에는 1박2일 월례등반을 하고, 방학 동안에는 3박4일 장기등반을 한다. 월례등반 때는 비교적 등산하기 쉬운 가까운 곳을 찾는다. 등반대의 원칙은 ‘비박’. 침낭에 누워 밤하늘을 바라보며 잠드는 경험은 단연 최고다.

안전이 필수인 만큼 평소 토요일을 활용해 암벽등반을 하면서 체력을 기르거나, 산악기상 대처법, 취사법, 보행법 등 등산에 필요한 기술을 배운다. 학교 운동장에 설치된 인공암벽은 학생들에게 좋은 체험 공간이 되고 있다.

다리가 아픈 동료를 부축해 가면서 끝까지 동행했던 날들, 죽을 만큼 힘들었지만 성공적으로 정상에 발을 디뎠을 때의 희열 등 등반활동을 하면서 겪은 일들은 ‘동아리 체험보고서’에 글과 사진으로 기록되어 있다.

Advice 등산동아리활동 기록은 전공을 불문하고 좋은 평가를 받을 수 있을 듯. 사회성, 인내심, 도전정신, 책임감 등을 두루 평가받을 수 있는 스펙이다.

우리 학교는 지난해 4월부터 전교생이 참가하는 교과동아리 제도를 운영하고 있다. 국어·영어·수학·사회·과학·음악·미술 등 모두 7개 과목 동아리로, 교과신문 만들기가 핵심이다. 교사와 학생이 학기 초에 함께 단원과 연계한 주제를 선정하고 나면 자료를 수집하여 토의하고 보고서로 마무리하는 프로젝트 위주로 활동한다.

교과동아리에서는 방과후 또는 토요일에 모임을 갖고 그 주에 배웠던 교과내용을 복습한다. 학력이 부진한 학생은 친구들과의 토의를 통해 실력을 쌓을 수 있고 선생님의 도움을 받을 수 있다. 이쯤되면 학교 보충수업과 무엇이 다를까 싶지만, 교과신문을 만들기 위해 학습 주제와 관련된 자료들을 찾다 보면 스스로 공부하는 힘이 길러진다.

내가 1학년 때 만든 '국어교과 신문'을 소개해 본다. '우리말의 맛과 멋' 단원은 아름다운 우리말 사전 만들기 활동으로, '읽기가 힘이다' 단원은 오늘날의 식생활 문화 분석으로, '공감과 설득' 단원은 공익광고를 분석해 보는 활동으로 이어진다. 3학년 '비판하며 읽기'에서는 토론신문을 만들어 보고 '읽기와 토의' 단원에서는 김치의 세계화 방안 탐구보고서를 써본다.

내가 동아리에서 자료를 찾고 토의했던 과목과 주제에 관해서는 다음 해가 되어도 잊혀지지 않았다. 아무리 열심히 공부해도 시험만 끝나면 바로 잊혀지는 것과 비교하면 놀라운 차이였다. 그래서 나는 요즘 혼자 공부할 때도 교과서 단원의 주제에 맞춰 자료를 취합해서 보고서 형식으로 만들어보곤 한다.

Advice 특이한 교내 동아리활동으로 전교생이 참여한다면 관리가 쉽지 않았을 것이다. 소그룹 스터디활동으로 응용해도 괜찮을 듯.

사례22 환경동아리활동 대학 입시에서 인정받아

나는 중학교 시절부터 환경에 관심이 많았다. 그러나 딱히 이 관심을 어떻게 풀어 나가야 할지 알지 못했다. 선생님이나 부모님은 공부하라는 말만 했지 이러한 관심사에 대해서는 그다지 관심을 보이지 않았다. 그래서 중학교 때는 혼자 책을 읽고 신문을 보면서 스크랩 하는 정도로 그쳤다. 고등학교에 진학한 후 환경에 대한 관심이 더욱 커졌으나 학교에 관련 동아리가 없었다. 나는 오염이 심해지는 지역 하천을 돌아보면서 환경문제에 관심 있는 친구들을 만날 수 있었고, 마침내 환경동아리를 창립하기에 이르렀다.

환경동아리를 만든 후 지역 하천의 수질검사를 하고 보고서도 작성했다. 이어 주민들이 즐겨마시는 약수터 몇 군데를 다니면서 수질검사를 했다. 지역 하천의 오염문제를 동아리에서 만드는 회지에 게재했고, 이 글은 다시 학교신문에, 이어 지역신문에까지 실렸다. 이러한 활동을 인정받아 일본에서 열린 '청소년 국제 물 포럼'에도 초청받았다. 사실 동아리활동에 열심인 만큼 내신과 모의고사는 상위권은 아니다.

Advice 동아리 창립 멤버이고, 활발한 현장체험 활동을 벌인 것이 좋은 평가를 받을 수 있다. 상위권 대학을 원한다면 내신, 과학탐구영역 중 '화학'과 '영어' 과목의 점수 관리를 잘해야 한다.

사례23 보수적인 동아리에 적응하면서 공동체의식 키워

나는 고등학교 입학 후 항상 희망해 왔던 방송반 PD로 활동하게 되었다. 물론 학교 공부와 방송반 생활 두 가지를 병행해야 하는 어려움이 있었지만 방송반활동은 학교생활을 더 잘할 수 있도록 큰 도움을 주었다. 40년이 넘는 오랜 전통을 지닌 방송반은 위계질서가 엄격하며 보수적인 면이 있었다. 방송과 관련된 일을 하는 것보다 방송반이라는 작은 사회에 익숙해지는 일이 사실 더 큰 과제였다. 나는 상하관계 등에 신경 써야 하는 것이 거슬렸지만 최선을 다해 적응하려고 노력했다.

그러는 과정에서 공동체의식, 책임감, 인간관계의 중요성에 대해 많이 배울 수 있었고 남들보다 훨씬 더 성숙된 생각을 가지게 되었다. 차츰 방송반 생활에 익숙해졌고 2학년 때부터는 직접 방송을 할 수 있게 되었다.

그러면서 일상적인 방송에 조금씩 나만의 개성을 살린 새로운 형식의 방송을 시도할 수 있었고 계획했던 방송들이 성공적으로 마무리되면서 큰 보람을 느꼈다. 특히 '제작에 ooo'이라는 방송이 나갈 때마다 좀 더 잘해야겠다는 책임감을 느꼈다. 그리고 사회에 나가서 온 국민이 시청하는 방송을 만들고, 내 이름이 타이틀롤에 등장할 때의 장면을 생각하면서 미래의 꿈을 다지곤 했다.

Advice 단순히 방송반 활동을 하는 데 그치지 않고 새롭게 기획한 프로그램을 제작, 성공시켰다는 점이 긍정적 평가를 받을 수 있다.

사례24 교류와 배움의 기쁨을 알려준 영어동아리

나는 speaking과 writing을 향상시키기 위해 고교 2년간 영어동아리활동을 했다. 매달 하나의 시사문제를 주제로 에세이를 써서 부원들과 돌려보았다. 동아리의 활동방침은 선배가 후배에게 가르쳐주고 그 후배가 선배가 되었을 때 다시 후배에게 배움을 되돌려주는 '나눔'에 있었다. 나 또한 1학년 때 선배에게 설득적인 표현과 전개방식을 배웠고, 2학년 때는 내가 배운 것을 후배에게 환원하는 데 최선을 다했다.

동아리에서는 매년 11월 스피치대회에서 에세이 연설로 1년간의 활동을 마무리했는데, 나는 'Democracy of the internet age'라는 주제로 고 최진실

누나를 애도하고 올바른 인터넷 문화의 정착을 호소했다. 영어동아리 친구들과 교류하고 함께하는 배움의 기쁨을 알려주었다. 특히 '나눔'을 통해 '배움'이라는 조직의 목적을 달성해 나가며, 이와 유사한 메커니즘이 이윤을 추구하는 기업경영에도 적용될 수 있다는 생각을 해보면서 향후 사회적 법무법인 설립을 꿈꾸는 계기가 되었다.

> **Advice** speaking과 writing 위주의 영어동아리활동은 '영어'능력을 포함하여 많은 부분을 평가받을 수 있다. 법무법인 설립의 꿈을 이루기 위해 '경영대'를 지망했다면, '영어동아리'와 '경영'을 잘 접목시킨 지혜가 돋보인다.

사례25 '하나'의 소중함을 일깨워주었던 로봇축구동아리

고등학교 때 들어가게 된 로봇축구동아리는 여러 가지로 나에게 소중한 경험이 되었다. 우리 동아리는 국제로봇올림피아드 로봇축구대회에 출전하려는 목적이 있었다. 축구로봇은 너무 비싸서 구입하기 어려웠기 때문에 필기시험으로 치르는 예선을 통과하면 우리 동아리에 관심이 있었던 키트 판매자로부터 축구로봇을 대여받을 수 있었기 때문이다. 동아리가 처음 만들어지던 2학년 때 두 팀을 만들었고 필기시험을 보게 되었다.

로봇축구를 하려면 많은 지식이 필요한데 그 영역이 너무 넓어서 한 사람이 모두 숙지하기에는 힘든 내용이었다. 그래서 로봇축구대회의 필기시험은 4명이 한 팀이 되어 한 개의 시험지를 가지고 답안을 작성했는데, 하나의 문제를 풀기 위해서는 여러 가지 영역의 지식이 필요했다. 그래서 4명의 팀원은 서로 다른 영역을 공부하여 시험 당일 서로 의견을 종합하여 문제를 해결해야 했다.

그것은 새로운 경험이었다. 전문화된 지식과 기능을 가진 사람이 제각기 자신의 능력을 이용하여 하나의 결과물을 만들어내는 과정은 지금껏 해보지 못했던 것이었다. 그 대회는 다른 학교의 경쟁팀에게 밀려 탈락했지만 아직도 그때의 '전문가가 되었던' 기분을 잊지 못한다. 그 대회를 통해 각각의 부품이 섞여 하나의 자동차를 이루는 것처럼, 어떤 전문적인 지식이 다른 사람과의 협력으로 결과물을 만들어가는 과정을 배웠다.

Advice 동아리활동을 통해 협동심, 문제해결능력, 전공 관련 적성능력 등을 종합적으로 평가받을 수 있다. 특별한 수상실적보다 자기주도적인 활동 과정이 더 높은 평가를 받을 수 있는 대표사례이다.

◉

자율활동 : 14개 활동 사례 & 에듀팟 가이드

• **자율활동이란?**

· 자율활동이란 학생들이 자발적으로 참여하는 활동으로서 다양한 의견을 서로 존중하고 자신이 속해 있는 단체에 대한 소속감을 갖고 공동체 의식을 드높여 바람직하고 창의적인 방향으로 이끌어 나가도록 도와주는 활동이다.

• **기록방법**

· 자율활동은 적응활동, 자치활동, 행사활동, 창의적특색활동으로 구분되어 있어 학생이 본인의 활동영역에 해당되는 부분을 선택한다.

• **기록내용**

· 참여한 활동명, 승인교사, 활동구분, 참여기간, 활동장소, 참여동기 및 목적, 활동내용, 참여 후 소감 등을 기록한다.

• **유의사항**

· 각 활동에 참여하게 된 동기나 목적, 활동내용, 소감 등을 기록한다.

· 관련 자료를 업로드 할 경우 학생 개인별 사용용량의 제한을 고려하여 의미 있는 활동자료를 선택해야 한다. 학교 계획에 의한 활동의 증빙자료는 올리지 않아도 되며 개인 계획에 의한 활동 중 꼭 필요한 증빙자료를 첨부한다.

· 자율활동 기록화면은 4개의 세부활동(적응활동, 자치활동, 행사활동, 창의
  적특색활동)으로 구분되어 있다.

가. 화면구성

활동명	담양문화답사	
활동구분	○ 적응활동　○ 자치활동　● 행사활동　● 창의적특색활동	
활동장소	● 교내　　　○ 교외	
활동기간	2010-03-01　달력　～　2010-03-08　달력	
파일올리기	파일첨부 □ 자율활동	자율활동.jpg(500kb)

삭제하고자 하는 파일을 체크해 주세요.

▶ 자율활동에 참여하게 된 동기를 써보세요.

학교에서 담양문화답사 행사가 있다는 소식을 알게 되었고, 평소에 관심을 가지고 있어 바로 신청하였다.

▶ 구체적인 활동내용과 활동 후 소감을 써보세요.

전라남도 담양군 일대의 문화유적 답사를 통해 가사문학의 산실인 담양의 인문 송강 정철과 송순 등의 인물과 시풍에 대해 접함으로써 조선시대 가사문학의 특징을 이해할 수 있는 기회였다. 명승 제40호 소쇄원과 보물 제506호 담양읍 5층석탑을 참관하여 조선중기 정자문화의 특징인 조선시대와 고려시대 탑문화의 차이점을 이해할 수 있었다.

나. 세부메뉴 설명

①활동명			②승인교사			
③활동구분	☐ 적응활동	☐ 행사활동	☐ 자치활동	☐ 창의적특색활동		
④활동기간			⑤활동장소	☐ 교내활동	☐ 교외활동	
⑥첨부파일	번호	파일명	용량	설명	추가 제거 다운로드	
	1	자율.hwp	16KB	적응1		
	2					
⑦참여동기 또는 목적						
⑧활동내용과 소감						

① **활동명** : 참여한 자율활동의 주제가 잘 드러나는 제목을 입력한다.

② **승인교사** : 자율활동 정보승인을 위한 교사를 선택한다(기본값은 담임교사임).

③ **활동구분** : 적응활동, 행사활동, 자치활동, 창의적특색활동 중 해당영역을 선택한다.

④ **활동기간** : 자율활동 프로그램을 끝마친 후 시작 날짜와 끝난 날짜를 선택한다.

⑤ **활동장소** : 자율활동을 한 장소를 교내와 교외로 구분하여 설정한다.

⑥ **첨부파일** : 문서첨부 제한은 40MB이고 파일크기 제한은 10MB이며 가능한 파일의 확장자는 jpg, gif, hwp, xls, ppt, pdf로 제한한다.

⑦ **참여동기 또는 목적** : 자발적이고 자율적으로 참여하여 스스로 문제를 제기하고 성취하고자 하는 목적이 나타나도록 입력한다.

⑧ **활동내용과 소감** : 교내외 활동을 통해 주변환경에서 실제로 경험하고 느낀 점을 기록한다.

다. 작성방법 및 예시자료

- 학교계획에 의한 자율활동의 목적과 동기가 중복될 경우, '이전 자료 불러오기' 기능을 활용한다.
- 자율활동은 학생의 자주성과 사회성을 잘 나타낼 수 있는 내용으로 한다.
- 민주적인 절차와 방법을 익혀서 스스로 활동계획을 수립하고 다양한 협의 및 실천 경험을 통해 여러 가지 문제를 민주적이고 합리적으로 해결한 모습을 기록한다.

영역		세부활동 분야
적응활동		입학, 진급, 진학 등에 따른 적응활동 등
		예절, 질서 등의 기본 생활습관 형성활동, 축하, 친목, 사제동행 등
		학습, 건강, 성격, 교우 등의 상담활동 등
자치활동		학생회 협의활동, 운영위원활동, 모의회의, 토론회 등
		1인 1역, 학급회 및 학급 부서활동 등
행사활동		개업식, 입학식, 졸업식, 종업식, 기념식, 경축일 등
		전시회, 발표회, 학예회, 경연대회, 실기대회 등
		학생 건강 체력평가, 체격 및 체질 검사, 체육대회, 친선 경기대회, 안전생활 훈련 등
		수련활동, 현장학습, 수학여행, 학술조사, 문화재 답사, 국토순례, 해외문화체험 등
창의적특색활동	학생특색활동	1인(人)1기(技), 나의 뿌리 알아보기, '나의 꿈, 나의 희망 찾기' 등
	학급특색활동	학급문고 만들기, 좋은 학급 만들기, '친구 사랑의 날 칭찬 엽서 쓰기' 등
	학년특색활동	교과서 물려주기, 학급신문 만들기 대회, 독서감상문 대회 등
	학교특색활동	교복 물려주기, 효실천 프로그램, 학교 홈페이지를 통한 칭찬릴레이, 인성 퀴즈 대회, 학교 사랑 글짓기 대회 등
	지역특색활동	지역 문화재 답사, 지역의 역사 계승활동 등
	학교전통수립활동	타임캡슐 매설, '에너지사랑단활동' 등
	학교전통계승활동	맞춤 체력인증제, 흡연제로 프로그램 등

나는 초등학교 4학년부터 고3까지 학급 회장을 놓쳐본 적이 없다. 중3 때와 고3 때는 전교 학생회장을 맡기도 했다. 누군가를 이끌어갈 수 있다는 게 나에게는 큰 즐거움이었다. 좋지 않은 길로 나가려는 친구를 보듬어 다시 공부하게 만들었을 때, 아무 사고 없이 각종 축제를 진행했을 때 느끼는 희열은 말로 표현할 수 없었다. 학습이 부진한 친구들에게 잘 해보자고 설득했고, 학생 한 명 한 명의 희망대학을 조사한 뒤 학생들이 원하는 대학의 마크를 출력해 책상에 붙여주기도 했다.

고2 2학기 때 전교 학생회장으로 선출된 뒤에는 지역고교연합을 만들어야겠다는 목표의식이 생겼다. 내가 사는 지역엔 13개 고등학교가 있는데, 학교 임원들끼리 서로 만나 입시정보를 나누다 보면 지역 내 고교들의 입시성적이 나아질 수 있다고 생각했다. 연합축제나 바자회 등을 통해 지역의 어려운 사람들을 돕기 위해서라도 연합회가 필요하다는 것이 나의 판단이었다.

나는 지역학생회연합을 만든 뒤 회장으로 활동하면서 대학 관계자를 초빙해 입시설명회를 열었다. 8월에는 연합바자회를 통해 모인 수익금을 노인복지회관에 기증했다. 전국 고교 학생회장 모임인 '대한민국고등학생총연합회'(대한학생회로 명칭 변경)에서도 회장으로 활동하면서 경술국치 100년 행사를 기획했다. 이렇게 다양한 활동을 경험하면서 '청소년 제도 정책가'라는 꿈을 키웠다.

Advice 지속적인 임원활동 이력은 기본평가를 받지만, 더 중요한 것은 '기획력과 실천능력'이다. 리더로서 새로운 일을 기획하고 실행에 옮긴 다양한 활동이 높은 평가를 받을 수 있다.

나는 초등학교 6학년 때 학교 모둠학습(물에 대해, 인체에 대해, 전기회로에 대해, 식물관찰 일기, 영어 스펠링 게임 등)에 적극 참여했다. 모둠학습은 여러 명이 한 팀이 되어 하나의 과제를 연구하고 토론한 후 결과물을 공동으로 작성해 발표하는 과정을 거친다. 이런 과정에서 나는 혼자 공부할 때 느끼지 못했던 다양한 경험을 할 수 있었다.

우선 나 자신 위주의 학습에서 벗어나기 위해서는 일정 부분 시행착오를 겪어야 했다. 다른 아이들에 비해 말도 잘 못하고 자료수집도 느린 친구를 마음속으로 미워했던 적이 있다. 그 친구만 없었다면 좀 더 빨리 훌륭한 결과물을 낼 수 있을 것이라고 생각했다. 또 너무 잘난 척하는 친구를 미워했던 적도 있다. 무엇이든 친구들에게 명령하려고 해서 팀의 융합이 어려웠다.

그러나 나는 다른 친구들이 양보하고 배려함으로써 나의 단점이 크게 두드러지지 않았음을 깨달으면서 부족한 친구를 적극 돕게 되었고, 모두들 조금씩 양보하고 협동해야 결과물 또한 좋다는 것을 깨달았다. 팀 프로젝트의 마지막 날 학우들을 대상으로 우리 팀 대표가 성공적으로 프레젠테이션을 마쳤을 때는 정말 기뻤다.

Advice 특별하진 않지만, 소박한 경험 속에서 느끼고 성장하는 과정이 진솔하다. 이러한 사례는 화려한 수상실적보다 좋은 평가를 받을 수 있다.

나는 초등학교 4학년 때 학교 대표로 뽑혀 학교의 영어체험센터 개관식 날 영어로 사회를 본 적이 있었다. 외국에 나가본 경험이 없었기 때문에 외국인 비롯해 많은 손님들 앞에서 과연 잘할 수 있을까 걱정이 되었다. 친구들 중에는 외국에 유학을 다녀온 친구도 있었고, 교내외 경시대회에서 우수한 수상실적을 자랑하는 아이들도 많았기 때문에 그 아이들 앞에서 웃음거리가 되지나 않을까 걱정이 되었다.

그러나 항상 학교 수업에 열심히 참여하는 모습이 보기 좋다며 선생님이 적극 나를 추천했을 때는 정말 기뻤다. 평소 꾸준히 영어 공부를 했던 터라 한 번쯤 내 실력을 사람들 앞에서 평가받아 보고 싶은 마음도 생겼다. '나는 할 수 있다.'는 일념으로 대본을 철저하게 외우고 잠까지 설치면서 연습을 했다. 개관식 때 사회를 본 경험이 영어를 좋아하고 더욱 열심히 공부하는 계기가 되었으며, 나의 꿈인 '영어학 교수'에 한 걸음 더 다가간 듯했다.

> Advice 초등학생답게 평범하고 소박한 사례이다. 경험을 통해 자신의 진로와도 연관시켜 스스로를 다져 나가는 모습이 매우 건강해 보인다. 자기소개서의 '체험' 혹은 '자기주도학습' 사례로 활용할 수 있다.

사례4 악기 연주는 자신감과 인내심, 성취감을 느끼게 해줘

나는 초등학교 6학년 때 교내 국악발표회에서 3년 동안 배워온 소금을 연주했다. 대금보다 작은 소금의 소리를 처음 들었을 때 청아한 소리가 정말 좋아서 배우고 싶었다. 친구들은 소금의 소리를 내는 나를 신기하게 쳐다보곤 했다. 나는 그동안 갈고 닦아온 실력을 발표회에서 유감없이 발휘했다. 평소 내성적이고 자신감도 별로 없었던 나는 그날 박수 소리만큼이나 많은 것을 얻은 느낌이었다.

나는 초등학교 3학년부터 피리를 배우기 시작하여 4학년부터 3년간 교내

전통문화발표회에서 연주를 했다. 5학년부터는 교내 피리부 대표로서 활동했다. 나는 서양악기와는 달리 접해보기 힘든 피리 합주가 듣는 이에게 감동을 더 효과적으로 불러일으킬 수 있다는 점을 감안하여 노인복지센터에서 매달 1회씩 피리부 봉사활동을 하고 있다. 피리부 활동을 하면서 나는 뭐든 잘해야겠다는 생각이 들어 성적도 많이 올랐다.

> **Advice** 악기 연주를 통해 '자신감'을 획득하고 이어 학습능력까지 연계되는 효과를 얻었다. 또한 '리더십'과 '봉사활동'으로도 연계되어 더욱 예체능활동이 풍성한 결과를 낳을 수 있음을 보여준다.

사례 5 내 고장 문화 유적지 체험학습

충남 부여에서 사는 초등학교 6학년인 나는 어릴 때부터 집 근처에 있는 각종 문화재를 보며 자랐다. 특히 '정림사지5층석탑'은 내 놀이터이자 정서적 역할을 해주었다. 중학교 때는 제법 영어 실력이 늘어 영어로 쓰여진 유적지 안내판을 읽곤 했다. 그러다 우연히 안내판에 잘못 기재된 내용이 있음을 알게 되었고, 그 사실을 관계 기관 홈페이지에 올려 시정하도록 만들었다.

이후로도 이러한 일을 몇 번 실행에 옮겼으며, 이 경험이 지역신문에 게재되기도 했다. 학교 성적에 반영되지도 않고 누구도 알아주지 않는 일이었지만, 나는 내가 한 작은 일이 우리 문화를 세계에 정확하게 알리는 데 도움이 된다는 사실만으로도 뿌듯했다. 그리고 이 경험을 바탕으로 영어 공부를 열심히 해서 외교 분야 혹은 역사 분야에서 활동하고 싶다는 목표가 생겼다.

> **Advice** 성장환경과 걸맞는 스펙이라 신뢰감을 주는 사례. 관심사와 더불어 영어학습 동기, 진로탐색까지 연계시킨 과정이 좋다.

나는 얼마 전 색다른 체험을 했다. 학교에서 '애들아, 책 사러 가자'라는 프로그램을 진행했는데, 학교에서 학생들에게 돈을 주고 책을 구입하게 한 뒤 자신의 이름과 추천사를 적는 행사였다.

나는 평소 책 읽기를 싫어해서 부모님이 늘 걱정하셨는데, 이번 행사를 준비하는 과정에서 책이 친숙하게 느껴졌다. 담당선생님은 학생들이 학교 도서관을 잘 이용하지 않는다는 점을 파악하고 학생들에게 좋은 책에 대한 경험이 필요하다고 생각하여 이러한 아이디어를 짜내게 되었다고 한다. 학교 추천도서 150권 중에서 자신이 추천할 도서를 정해야 하는데, 그러기 위해선 사전조사가 필요했다. 책에 대해 검색하고 친구에게 책을 빌려 읽기도 하면서 내 이름과 추천사가 적힐 책을 생각하며 열심히 노력했다.

도서관에서 책을 구입해 내 이름과 추천사를 멋지게 적던 날은 지금도 감동적이다. 내가 추천한 책을 빌려 두 번이나 반복해서 읽었고, 친한 친구의 이름이 적힌 책도 빌려 읽으면서 점점 책이 좋아지는 것을 느꼈다.

Advice 학생들에게 독서에 대한 관심을 불러일으키는 학교 측의 창의적인 아이디어가 돋보인다. '책을 많이 읽었다.'는 학생보다 더 가슴에 와닿는, 소박하면서도 진솔한 사례이다.

사례7 고1 때 총학생회장을 맡아 창의적인 활동 인정받아

내가 진학한 학교는 신설 고등학교여서 고등학교 1학년 때 총학생회장을 맡을 수 있었다. 초등학교 때부터 거의 빠짐없이 학급 임원을 해왔던 나였는데, 평소 반 대표로 활동하는 일에 매력을 느끼고 있었다.

고등학교에 진학하면 공부에 매진하기 위해 임원활동을 자제하려고 했는데, 신설 고등학교인 탓에 내가 해야 할 일이 눈에 띄면서 그 유혹을 뿌리치기가 어려웠다. 친구들의 추천으로 회장에 당선된 후 학교 홍보가 필요하다고 생각하여, 학생회에서 '카페'를 운영했다. 학교의 시설에 대해 알리는 한편, 인자하시고 열정적인 선생님들에 대한 홍보에 주력해서 이듬해에는 학교를 지원하는 학생들이 두 배로 증가하는 결과를 낳았다. 학교 측에서는 학생회의 공로를 인정해 총학생회장인 나에게 표창장을 수여했다.

> **Advice** 총학생회장으로서 학교 측에 구체적인 공로를 세운 리더, 기획자로서의 자질을 인정받을 수 있다.

사례8 지역사랑 활동이 환경 전문가의 꿈을 키우게 해줘

나는 환경 관련 지역활동을 시작으로 나의 꿈을 키웠다. 한라산의 다양한 자생식물, 해수가 유입되어 형성되는 용천수 등 제주도만이 가지고 있는 자연적 특징과 아름다움들은 여느 책보다 뛰어난 실험교재가 되었다. 이를 적극 활용해 지하수, 가시파래, 조릿대 등을 이용해 지구온난화와 관련된 다양한 연구를 진행할 수 있었다.

나의 이러한 활동은 제주관광공사의 홍보활동으로 이어졌다. 또한 지구온난화와 제주도에 대한 연구는 한국학생환경탐구 올림픽에서 발표되기도 했다. 이러한 배경 속에서 나는 점차 세계최고의 환경 전문가라는 목표를 세우게 되었다.

나는 적극적으로 나의 꿈을 실현하기 위해 노력한 결과 전국의 우수한 학생들과 경쟁을 펼친 끝에 덴마크 코펜하겐에서 열린 '세계 청소년 기후변화

포럼'의 한국 대표로 선발되는 영광을 차지했다. 또한 아프리카 케냐에 위치한 UNEP(국제연합환경계획) 본사를 방문하였는데, 그곳에서 연구한 내용들을 발표하기도 하였다.

> **Advice** 자신의 관심사를 다양한 영역으로 세련되게 연결시킨 점이 돋보인다. 연구 활동, 세계적인 관련 활동 등은 매우 우수한 평가를 받을 수 있다.

사례9 진정한 리더십이 무엇인지를 깨닫게 해준 친구

총학생회장에 당선된 나는 임원들을 선출해야 하는 임무가 주어졌다. 1년 동안 학생회 일을 진행하면서 호흡을 맞춰야 할 동료들이었기 때문에 신중하게 선택해야 했다. 그 즈음 내 눈에 들어온 한 친구가 있었다. 그 친구는 능력과 실력은 있으나 비협조적이며 이기적인 성격이어서 주변의 선배들과 친구들은 그를 임원에 선출하면 안 된다고 말렸다. 그러나 나는 그 친구가 자신의 숨은 능력과 실력을 발휘하도록 학생회 임원을 맡기기로 하였다.

그때부터 나는 위기와 좌절감을 느껴야만 했다. 그 친구는 사사건건 내 의견에 반기를 들고 나왔고 편을 갈라놓았다. 나는 친구들과의 관계 속에서 무척 힘들었지만 겉으로는 내색하지 않았다. 대신 그 친구를 감싸주려 애쓰는 모습을 보여주었다. 그러던 어느 날 그 친구는 나에게 찾아와 그동안 학생회장인 나에 대한 시기와 질투로 인해 그런 행동을 한 것이라고 솔직하게 털어놓았다. 그 이후로 친구는 나의 최고의 파트너가 되어주었다. 친구의 멋진 아이디어와 기획력은 교내 축제를 성공적으로 이끄는 데 결정적인 역할을 했고, 다른 친구들도 격려의 박수를 보내주었다.

이 일을 계기로 나는 상대방을 판단할 때는 객관적으로 해야 한다는 점,

나의 선의가 오해를 살 수도 있으므로 역지사지로 생각해야 한다는 점, 겉으로 드러나는 행동만으로 상대방을 속단해서는 안 된다는 점 등을 깨달았다.

 친구와의 갈등관계를 풀어 나간 과정이 고등학생다운 순수함과 진솔함을 느끼게 한다. 이러한 소박함에 오히려 감동을 줄 수 있다.

사례10 총학생회 부회장으로 활동하면서 성공적 조직의 중요성 깨달아

고2 때 호기심으로 출마했던 총학생회 선거에서 부회장으로 당선되었다. 학생회에 이름만 내걸면 저절로 다 되는 줄 알았는데, 그게 아니었다.

보훈청 골든벨 프로젝트, 축제 개최, 식당 줄서기 및 우측보행 캠페인 등 하나같이 처음 해보는 학교단위의 큰 과제들이 산재해 있었다. 특히 가장 힘들었던 학교 축제 개최가 기억에 남는다. 당시 신종플루로 갑자기 공연장소가 학생문화회관에서 교내로 바뀌고 행사 일부가 취소되면서 이전과는 전혀 다른 새로운 형태의 축제를 고안해야 했다. 고민 끝에 인근 고교의 축제를 참고로 동아리 위주의 부스활동에서 포커스를 찾았고 전교생들에게 새로운 전략을 알렸다.

새 전략에 대한 친구들의 반응은 좋았다. 그들의 참여를 이끌어내는 데 성공했고, 체계와 특화를 통해 축제를 추진했다. 학급은 먹거리와 게임 등에, 10여 개의 동아리와 학생회는 각각 작품전시를 특화하여 하나의 조직 속에 융화되었다. 개성 넘치는 부스들이 하나하나 모여 총 22개의 부스가 운동장을 채웠고 입소문을 통해 그 어느 해보다 많은 학생들이 방문한 성공적인 축제가 되었다.

이러한 과정을 통해 어려움이 닥쳤을 때 조직이 살아남기 위해서는 서로에 대한 믿음과 책임, 인간애가 성공적인 조직의 중요한 요소임을 알았다. 전교부회장으로서의 이러한 경험들은 자기자신만 생각하는 편협한 시각에서 벗어나 시야를 공동체와 사회로 넓혀주었다. 아울러 리더에게 요구되는 책임감과 도전정신, 소통과 열정 등의 덕목을 몸으로 배울 수 있었다.

Advice 각종 행사에 참여하느라 공부할 시간을 많이 할애했겠지만, 이러한 리더십은 상대적으로 하락한 성적을 충분히 커버해 줄 수 있다.

사례 11 총학생회장 선거에서는 낙선했지만

나는 총학생회장 선거에 출마했다가 낙선했다. 몇십 표 차이로 상대 후보에게 회장 자리를 내줬다. 나는 선거운동을 했던 지난 일들이 주마등처럼 스쳐 지나가면서 말은 안 했지만 굉장히 속이 상했다. 정말 자신있다고 생각했는데, 실패 원인을 분석해 본 결과 그 원인을 자만심에서 찾았다. 내 의견을 내세우기 전에 상대방의 의견에 귀를 기울이고, 내 의견과 충돌하는 부분이 있으면 설득하는 과정이 다소 부족했었다. 권위적이고 이기적이라는 평가를 받는 것도 당연했다.

나는 비록 선거에서 졌지만 겸손함과 리더십을 새롭게 배울 수 있는 기회였다고 생각한다. 다양한 의견을 취합하고 조율하면서 다수를 설득하는 과정이 얼마나 중요한지 깨달았기 때문이다. 나는 그 이후 학급 회장과 동아리장을 맡으면서 더 열심히 활동했다.

담임선생님이 '회장선거에서 떨어지면 학교생활에 대한 의욕이 사라지기 마련인데, 너는 그 전보다 더 활발하게 활동하는 모습이 보기 좋다.'고 말씀해 주셨을 때는 너무 기뻤다. 이어 내가 실패했던 경험들이 나의 앞날에 걸림돌이 되는 것이 아니라 오히려 받침목이 되어줄 수도 있다는 사실을 낙선 경험을 통해 깨달았으며, 이러한 겸험들을 바탕으로 입학사정관제 리더십 전형에 도전해 볼 생각이다.

사례12 침체된 동아리에 활기를 되찾게 해

나는 고등학교 때 교내 환경과학동아리장으로 활동했다. 실험하는 것보다 환경캠페인처럼 활발한 활동을 하는 것에 매력을 느꼈기 때문이다. 하지만 2학년 때 위기가 찾아왔다. 1학년 회원 6명 중 3명이 탈퇴했다. 동아리의 분위기는 침체됐고, 회원들의 의욕은 사라졌다. 나는 팀장으로서 이 위기를 극복하기 위해 뭔가 해야겠다고 생각했다. 동아리에 활기를 불어넣을 수 있는 활동이 무엇일까를 남은 회원들과 함께 고민했다. 그러던 중 제4기 환경부 생물자원보전 청소년리더를 선정한다는 모집공고를 발견했다.

나는 회원들과 논의해 '멸종위기의 백로와 반딧불이를 보전하고 생물 다양성을 지키는 데 앞장 서겠다.'는 내용의 제안서를 제출했다. 제안서는 채택됐고, 두 달 동안 캠페인 활동을 진행했다. 동아리는 다시 활기를 찾았다. 이런 걸 두고 전화위복이라고 하던가. 동아리 인원이 줄어 오히려 의견을 집중하고 나누고 협동하는 데 더 효율적이었기 때문에 캠페인 활동에 유리했다는 판단이다.

미래의 정치가가 되는 것이 꿈인 나는 학급 회장으로서 적극적인 모습을 보여왔던 덕분에 전교 학생회장으로 선출되었다. 학생회장이 된 후 단순히 학생회장이라는 이름만 달고 유명무실한 모습을 보이기는 싫었다. 그래서 우리 학교를 위해 할 수 있는 것이 무엇일까를 생각하다가 바자회를 열어 그 수익금으로 지역의 어려운 사람들을 돕고자 하는 계획을 세웠다.

학생회 회의를 통하여 이 안건을 제안하였다. 그런데 처음에 친구들은 공부도 해야 하는데 괜히 귀찮은 일을 만드는 것은 아닌가 하는 생각으로 소극적인 모습을 보였다. 그러나 포기하지 않고, 우리의 작은 노력으로 다른 사람들에게 도움을 줄 수 있다고 설득한 끝에 결국 통과가 되었다. 모두 각 학급에 바자회 소식을 전달하고 학생들에게 바자회에 기부할 물건들을 가지고 오도록 알렸다.

학교 측에도 이야기하여 운동장에 천막과 탁자들을 설치하고, 학교 앞에 현수막을 설치하여 자선바자회 소식을 알렸다. 그 결과 바자회 당일 많은 사람들이 참여하여 우리가 기대했던 금액 이상의 수익을 얻었다. 그 돈을 우리 학교 학생들의 이름으로 지역 복지시설에 기부하였다.

> **Advice** '정치가'라는 꿈과 교내활동을 잘 연결시켰다. 교내에 머무르지 말고 지역과의 연계로 이어진다면 더 좋을 듯.

나는 초등학교 때부터 학급 회장 등 꾸준히 임원활동을 해왔다. 늘 성실하고 책임감 있게 활동하는 모습이 친구들에게 좋게 비춰졌는지 고등학교 때는 총학생회장으로 선출되었다. 학생회장의 임무를 꾸려 나가면서 한 달에 한 번 학생회 회의를 진행하였다. 월 1회로 회의가 진행되었는데 그때만 학생회 임원들과 만나서 의견을 접하다 보니 회의가 없는 동안은 서로의 의사교환이 이루어지기 힘들다는 사실을 알았다. 그렇다고 수십 개 반을 돌아다니면서 의견을 수시로 취합하고 결정하고 알리는 것은 불가능한 노릇이었다. 그래서 회의시간에 전교 학생들의 원만한 소통을 위해 학생회 인터넷 카페를 만들 것을 제안하였다. 학생회 활동에 대해 미리 안내를 하고, 결과물을 게시하는 등의 활동을 하기로 하였다.

일반 학생들도 학생회에 건의사항이 있을 경우 글로 남길 수 있도록 하였다. 그 결과 생각 외로 괜찮은 건의사항들이 올라오고 학생회 임원들은 내용을 선별하여 학생회의 때 구체적으로 토의를 하였다. 카페가 활성화되면서 전교 학생들의 의견이 수시로 전달되었고 또 그것이 수정 보완되는 시간도 짧아졌다. 학생회 카페 개설은 거창한 프로젝트는 아니지만 가장 필요한 것을 보충하기 위한 방법을 찾아낸 결실의 하나라고 생각한다.

> Advice 다년간 지속적으로 임원활동을 했기 때문에 문제점을 수정 보완하는 노하우가 노련해 보인다. 다수의 요구를 민주적으로 풀어 나가는 리더십이 돋보인다.

◉

봉사활동 : 20개 활동 사례 & 에듀팟 가이드

봉사활동은 비교과 영역 중 확산 속도와 참가 인원이 가장 많다. 봉사활동
은 봉사활동 그 자체로 시작할 수 있으며, 자신의 진로와 봉사활동을 연결시
킬 수도 있다. 요즘엔 자원봉사활동이 매우 다양해져서 진로체험과 더불어
자원봉사도 동시 가능한 활동, 국내뿐만 아니라 세계봉사단체와 연계된 활
동 등 선택의 폭이 넓어졌다.

• 봉사활동이란?

· 학교가 자체적으로 계획을 세우거나 학생들의 자발적인 의도에서 도움
  을 필요로 하는 특정한 기관이나 개인을 대상으로 수시 또는 정기적으
  로 봉사함으로써 책임과 역할을 분담하고 배려할 줄 아는 성숙된 인격
  을 함양하는 활동을 말한다.

• 기록방법

· 학교 계획에 의한 봉사활동과 개인 계획에 의한 봉사활동 내용을 기록
  한다.

· 동일한 기관에서 봉사활동을 지속적으로 할 경우에는 매번 기록하지 않
  고 학기별, 분기별로 활동 기간을 정하여 기록한다.

· '총 활동시간'은 확인서에서 인정된 시간수를 입력한다.

• **기록내용**

· 봉사활동명, 총 활동시간, 활동내용과 소감 등을 기록한다.

• **유의사항**

· 봉사활동과 동아리활동, 봉사활동과 진로활동 등을 통합하여 운영했을
  경우에는 중점 활동 영역을 선정하여 기록한다.

가. 화면구성

봉사활동 내용	불우이웃돕기 사랑의 연탄배달		
일자 또는 기간	□ □ 시에서 **달력** ~ □ □ 시까지 **달력**		
총 활동시간	□ 시간	주관기관	향림원
활동장소	● 교내 ○ 교외	활동장소명	□
파일올리기	**파일첨부**		

▶ **봉사활동을 하게 된 동기 또는 목적을 써보세요.**

봉사단을 통해 참여하게 되었고, 어려운 이웃에게 조금이라도 도움이 되고 싶었다.

▶ **구체적인 활동내용과 활동 후 소감을 써보세요.**

태어나서 처음으로 연탄을 날라보았다. 처음엔 왜 사람들이 그렇게 연탄 나르는 일이 힘들다고 하는지 이해가 되지 않았는데 점점 허리가 아파오더니 나중에는 펼 수조차 없었다. 내가 나른 연탄으로 여러 이웃이 겨울을 따뜻하게 지낼 수 있다는 사실에 무척 뿌듯했다.

나. 세부메뉴 설명

①봉사활동 내용					②승인교사		
③일자 또는 기간					④총 시간		
⑤활동유형	☐ 학교계획	☐ 개인계획			⑥주관기관		
⑦장소구분					⑧활동장소		
	번호	파일명	용량	설명	추가	제거	다운로드
⑨첨부파일	1	봉사.hwp	16KB	봉사1			
	2						
⑩봉사활동을 하게 된 동기 또는 목적을 써보세요.							

⑪구체적인 활동내용과 활동 후 소감을 써보세요.

① **봉사활동 내용** : 구체적인 봉사활동 내용 또는 제목을 기록한다.

② **승인교사** : 봉사활동 정보승인을 위한 교사를 선택한다(기본값은 담임교사임).

③ **일자 또는 기간** : 봉사활동에 참여한 날짜를 기입하며, 봉사활동이 지속적으로 진행되었다면 기간을 기록한다.

④ **총 시간** : 해당되는 봉사활동의 총 활동시간을 기록한다.

⑤ **활동유형** : 활동유형(학교 계획, 개인 계획)을 선택한다.

⑥ **주관기관** : 봉사활동의 주관기관을 기록한다.

⑦ **장소구분** : 활동장소의 구분(교내, 교외)을 선택한다.

⑧ **활동장소** : 구체적인 활동장소를 기록한다.

⑨ **첨부파일** : 첨부파일의 크기는 10MB 이내, 사용가능한 파일의 확장자는 jpg, gif, hwp, xls, ppt, pdf이고 첨부파일에 대한 설명을 기록한다. 파일의 첨부는 4개까지만 가능하고 첨부자료의 다운로드도 가능하다.

⑩ **봉사활동 동기 또는 목적** : 봉사활동을 하게 된 동기 또는 목적을 기록한다.

⑪ **활동내용과 소감** : 구체적인 활동내용과 활동 후 소감을 기록한다.

다. 작성방법

- · 활동내용이나 기간, 총 활동시간은 봉사활동확인서에 의한 학교생활기록부의 기록과 동일하게 기록한다.
- · 봉사활동의 내용을 단순하게 나열하기보다는 자신이 맡은 임무와 어려웠던 점이 무엇인지에 대해 기록한다.
- · 봉사활동이 자신의 생각이나 행동을 어떻게 바꾸었고 그것이 자신의 진로에 어떻게 관련되었는지를 기록한다.
- · 일관성 없이 봉사활동 시간만 늘리기보다는 일관성 있고 꾸준한 봉사활동이 바람직하다.

사례1 봉사활동 정보를 알리는 인터넷 카페 개설

평소 봉사활동을 하고 싶어도 어떻게 찾아서 해야 할지 몰라 막막하기만 하였다. 그래서 주위 친구들에게 물어보니 그들도 나와 똑같은 상황이었다. 그래서 학생들이 봉사활동에 필요한 정보를 체계적으로 잘 알 수 있도록 인터넷 카페를 개설하는 것이 좋겠다는 생각이 들어 곧 실행에 옮겼다.

나는 직접 봉사활동 기관들을 취재해서 올렸는데, 그 기관을 취재할 때는 직접 봉사활동에 참여했다. 또한 친구들이 내가 쓴 기사 내용을 보고 봉사활동을 할 경우 그 내용을 취재하거나 봉사를 한 본인이 직접 글을 올릴 수 있도록 하였다.

봉사활동 기관들을 각 내용별로 분류하고, 봉사활동의 형태와 시간소요, 필요한 내용 등을 구별해서 올려놓고 보니 상당히 많았다. 그러다 보니 이것을 혼자 운영하는 것이 너무 벅찼다. 나는 친구들과 함께하는 것이 더 좋을 것 같아서 담임선생님께 말씀드려 동아리를 만들었다. 우리는 서로 역할을 나누어 카페 운영과 취재들을 맡았다. 덕분에 더 많은 정보를 수집하여 친구들에게 알릴 수 있게 되었다.

> **Advice** 봉사활동 정보를 주는 새로운 봉사의 영역을 개척했다는 점에서 좋은 평가를 받을 수 있다.

사례2 보육원 바이올린 보조교사로 음악교사의 꿈 키워

중학교 2학년인 나는 '음악 선생님'이 꿈이다. 나는 초등학교 2학년 때부터 바이올린을 배우기 시작해 지금까지 7년 동안 레슨을 받고 있다. 초등학교 때 교내 오케스트라 활동을 하면서 제1바이올린 연주자로 활동했다. 중학교에 진학한 후에도 교내 오케스트라 활동을 하면서 비로소 음악 선생님이 되겠다는 꿈을 꾸게 되었다.

여름방학 때 우연히 엄마를 따라갔던 보육원에서 운영 중인 합주단의 바이올린 교사가 부족하다는 점을 알게 되었다. 나는 내가 가장 자신 있는 분야 중 하나이면서 의미 있는 봉사활동을 할 수 있다는 생각이 들어서 지도교사 선생님의 테스트를 거쳐 보조교사를 하게 되었다.

토요일마다 보육원을 방문해 2시간씩 보조교사 역할을 해주었는데, 내가 부모님이 계신 평범한 가정에서 살고 있다는 사실이 가슴을 울렸다. 고급 바이올린을 구입해 주지 않는다고 심통을 부리거나 레슨을 받기 싫다고 떼를 쓰던 지난날들을 떠올리며 크게 반성을 했다.

보육원이 개원될 당시 주민들의 반대가 상당히 심해서 아직까지 관계가 어색하다는 원장님의 말씀을 듣고 나는 공연을 계획했다. 지도교사 선생님

과 5월 가족의 날을 맞이해 인근 복지회관에서 마을 주민들을 상대로 보육
원생들의 오케스트라 공연을 치를 계획이다.

> Advice 자신의 진로와 정확히 연계된 봉사활동이다. 그러나 굳이 '전공'과 연계된
> 봉사활동이 아니라도 상관없다는 점을 다시 한 번 강조한다.

사례3 헤비타트 봉사활동을 통해 진로 찾아

나는 우연한 기회에 부모님과 함께 헤비타트 집짓기 봉사활동에 참여하게
되었다. 그러다 건축분야에 관심을 가지게 되었다. 그러는 과정에서 한국
고유의 색깔이 없이 비슷비슷하게 지어진 건물들과 장애우들이 사용하기 힘
든 건물을 보며 내가 만약 건축을 한다면 그 부분을 가장 염두에 두고 설계
를 하고 싶었다.

그때부터 길을 다니면서 건물들을 유심히 관찰하게 되었다. 가족과 지방
으로 여행을 갈 때는 근처에 우수건축물로 뽑힌 건물이 있는지 미리 살펴보
고 잠시 그 건물을 둘러보고 가기도 했다.

서적과 인터넷을 통해 스크랩을 하여 건축과 건축가에 대한 정확한 이해
를 하였으며, 건축박람회와 건축세미나에도 20회나 참가하였다. 그 밖에도
매달 건축 월간지를 구독하여 건축에 대한 새로운 정보를 수집하여 나만의
건축 정보철을 만들었다.

> Advice 자신이 원하는 전공분야와 그와 연계된 봉사활동, 자료집 등을 성실하게 준
> 비하는 모습이 보기 좋다.

사례 4 쑥스러웠던 첫 봉사활동

평소 노인 복지시설에서 꾸준히 봉사활동을 하시는 엄마의 권유로 중학교에 들어가면서 복지시설에서 봉사활동을 하기 시작하였다. 할머니 할아버지가 모두 일찍 돌아가셨던 나는 처음에는 어색하여 청소를 도와드리는 것이 고작이었다. 그러나 나를 볼 때마다 친손자처럼 다정하게 대해주시는 모습에 나도 점점 친숙해지기 시작하였다.

엄마가 바빠서 못 가실 때는 나 혼자라도 한 달에 한 번은 찾아가 말벗도 되어드리며, 신문도 읽어드리고, 휠체어를 밀며 산책도 시켜드리게 되었다. 가끔 용돈을 모아 맛있는 간식이라도 사다 드리면 작은 것에도 정말 좋아하시는 모습에 괜히 쑥스러운 마음이 들기도 하였다. 봉사활동이 계속되면서 나는 나보다 힘이 약한 사람들에게 도움이 된다는 사실이 얼마나 기쁘고 보람된 일인지 조금씩 깨닫게 되었다. 그때부터 내게 펼쳐진 세상이 조금씩 다르게 보이는 것 같았다.

> Advice 진심으로 가족이 봉사활동에 참여하는 경우로서, 학생의 봉사활동 소감이 자연스럽고 진솔했다. '아이는 부모의 거울'이라는 말이 여기서도 통하는 것일까?

사례 5 지역아동센터에서 소년소녀가장 영어 멘토로 활동

나는 중학교 3학년 때부터 진정한 봉사활동을 시작했다. 이전까지는 학교 쓰레기 줍기 등 생활기록부에 기록이 되고 연간 의무 봉사활동 시간만 채우면 되는 '형식적인 봉사활동'으로 그쳤다. 그러던 어느 날, 나는 TV를 통해 아주 가난한 남매의 이야기를 접하게 되었고 그날 내내 울었다. 파지를 주워

그걸 팔아서 아픈 할머니의 약을 지어드리고, 정작 남매는 끼니를 굶는 장면을 볼 때는 자신이 한없이 부끄러웠다.

엄마 아빠가 모두 의사여서 유복한 집안에서 아무 걱정 없이 외동으로 자란 나는 괜한 욕심으로 물건을 자꾸 샀고, 주변에 어려운 친구들이 있어도 무관심하게 행동했던 일들도 떠올랐다. 나는 엄마에게 부탁을 해 인근에 있는 지역아동센터를 찾아갔다. 2년 동안 조기유학을 다녀온 나는 영어에 가장 자신이 있었고 외국어고를 준비하고 있었기 때문에 여러 가지 자원봉사 항목 중에서 '영어 멘토'가 가장 적합할 것 같았다.

나는 초등학교 3학년과 4학년의 두 아이에게 6개월째 영어를 가르치고 있다. 나는 영어유치원을 나온 터라 초등학교 때부터 어렵지 않게 영어회화를 했는데, 두 아이는 알파벳도 잘 알지 못했다. 쉽고 재미있는 스토리북 스토리텔링, 영어 애니메이션 시청, 영어로 대화하며 요리만들기 등 재미있게 가르치다 보니 제자가 5명으로 늘어나 기분이 좋다.

고교 입시 준비 때문에 바쁜 중학교 3학년 시기이지만 봉사활동을 통해 인생의 큰 보물을 얻은 것만 같다.

 다소 입시를 위해 급조된 듯한 느낌이 든다. 그럴수록 적절한 감동을 자아내는 울림 있는 스토리가 중요하다. 좀 더 지속적이었으면 하는 바람이다.

사례6 영화감독의 꿈을 키웠던 영화제 봉사활동

영화감독이 꿈인 나는 어느 유명한 감독의 말대로 다양한 분야의 영화들을 많이 보려고 노력하였다. 그래서 부산국제영화제 같은 큰 영화제가 열릴 때면 시간을 내서 영화제를 보러 가고는 하였다. 그러다 우연히 국제영화제에 학생들도 자원봉사로 참여할 수 있다는 것을 알게 되었다.

그런데 부산국제영화제에는 고등학생 자격으로는 참여할 수 없어 너무 아쉬웠다. 그러던 중 기회가 되어 인권영화제에 참여하여 안내와 홍보까지 직접 뛰어다니며 많은 경험을 쌓을 수 있었다. 인권영화제에 참여하면서 내가 만약 영화를 만든다면 단순한 로맨스 같은 영화도 좋겠지만, 소외된 사람들의 이야기를 담고 싶다는 생각을 하였다. 이러한 소재의 영화가 좋은 평가를 받고 많은 관객들이 보게 된다면, 그런 문제들이 사회적 관심을 받을 수 있을 것이라는 생각이 들었다.

> **Advice** 1회로 그치는 것이 아니라 지속적으로 영화 관련 체험활동이 이루어져야 좋은 평가를 받는다.

사례7 소아마비인 친구 가방을 3년간 들어줘

초등학교 4학년 때 내 짝꿍은 소아마비였다. 한쪽 다리를 심하게 절어서 걸음도 아주 느리게 걸었다. 또 덩치도 작아서 가방을 어깨에 매었을 때는 내 걸음으로 10분밖에 안 걸리는 거리를 40분이 넘게 걸려 도착하기도 했다. 어느 날 등굣길에 그 친구가 힘들어하는 모습을 보았고, 그때부터 나는 친구의 가방을 들어주기 시작했다.

친구의 집은 우리 집과 불과 5분 거리였기 때문에 등교할 때 친구 집에 들러 함께 가곤 했다. 친구의 부모님은 두 분 다 일하러 다니셨는데, 나에게 너무 고맙다며 볼 때마다 눈물을 글썽거리셨다.

가방을 두 개나 들어야 해서 어깨가 아프기도 했지만 친구와 이런저런 얘기를 하며 걷는 등하굣길이 재미있어졌다. 얼마 후에는 엄마의 아이디어로 캐리어를 이용하기 시작하니 힘이 들지 않았다.

5학년으로 올라갈 때는 학교에서 배려를 해줘서 친구와 나는 같은 반이 되었다. 6학년 때도 마찬가지였다. 졸업할 때는 이런 나의 행동을 인정받아 '모범상'을 수상하기도 했는데, 별것도 아닌 일에 상까지 받으니 조금 부끄럽기도 했다.

Advice　거창하진 않지만 진솔함과 지속성 등으로 인해 봉사 관련 최고 평가를 받을 수 있는 스토리다.

사례8 장애노인, 처음엔 무서워서 구석에 숨어 있기만 해

나는 초등학교 2학년부터 지금까지 3년 동안 한국장애인선교연합회에서 가족봉사활동을 하였다. 양가 할머니 할아버지가 나를 아주 예뻐하셨기 때문에 노인들께 잘할 자신이 있었다. 봉사활동이라고는 해본 적이 없던 나는 부모님 손을 잡고 마치 소풍을 가는 아이마냥 들떠 있었다.

그러나 하얀색 건물 안에 들어서자 이상한 냄새가 코를 찔렀다. 그때부터 나는 더럭 겁을 먹기 시작했다. 건물 안으로 들어가자 인자하신 우리 할머니 할아버지와는 완전히 다른 세계에 사시는 분들이 있었다. 순간 나는 도망치고 싶었다. 방향을 잃은 듯한 흐릿한 눈빛과 울음소리, 악쓰는 소리, 때리려는 듯 주먹을 휘두르며 소리를 지르거나 자기 몸을 때리며 자학하는 모습들이 너무 무서워 구석에 가만히 숨다시피 앉아 있었다. 첫날은 눈만 동그랗게 뜨고 엄마 아빠 뒤만 졸졸 쫓아다녔다. 그 다음부터는 부모님이 함께 가자고 하면 안 간다고 떼를 썼다.

3년이 지난 지금, 난 그때를 생각하면 얼굴이 화끈 달아오른다. 그분들은 신체와 정신에 장애가 있어 혼자 살아가기 어려운 데다 무의탁 노인들이기 때문에 세상에서 가장 외롭고 아픈 사람임을 알게 되었다. 이제는 그분들이 소리를 치거나 내 옷소매만 잡아당겨도 그분들이 원하는 것을 알아들을 수 있을 정도가 되었다. 지난 어버이날엔 친구의 가족과 함께 카네이션을 50개 만들어 직접 가슴에 달아드리기도 했다. 카네이션을 보며 내 손을 꼭 잡고 눈물을 뚝뚝 흘리는 분도 계셨다.

Advice 국제중을 준비하는 학생이라면 자기소개서에 충분히 어필을 해도 좋을 만한 우수사례로 추천한다.

사례9 다문화가정 아이들에게 한글과 영어를 가르쳐줘

나는 책을 통해 '아메리칸 드림'에 관해 읽은 적이 있다. 한국이 경제적으로 어려웠던 시기에 선진국인 미국에 건너가 정착하던 시대를 일컫는 말이라고 하는데, 당시 미국은 한국인들의 선망의 대상이었다고 한다. 요즘 캄보디아, 베트남, 연변 등에서 한국으로 일자리를 구하러 오거나 한국 남자와 결혼해서 한국에 정착하는 여성들은 '코리안 드림'을 이루기 위해서라고 하니 괜히 뿌듯한 마음이 들었다.

예전에 의사로 일하시는 아버지를 따라 외국 근로자들을 위한 의료봉사를 다녀온 적이 있다. 한국말도 잘 통하지 않고 경제적으로도 매우 어려운 사람들을 위해 나는 아버지 곁에서 의료도구 심부름을 하는 정도의 도우미 역할을 했다. 그러나 그 후 외국 근로자를 위한 봉사활동을 계속 하고 싶다는 생각이 들었다. 내 생각을 어머니께 말씀드리고 복지회관을 통해 다문화가정을 직접 방문해 5세와 7세인 아이들에게 한글과 영어를 가르쳐주는 봉사활동을 시작하게 되었다. 때로는 아이들의 어머니가 공과금 고지서나 어린이집 안내문을 읽지 못해 쩔쩔 매는 것을 보고 읽어준 적도 있었다.

처음 만났을 때는 아이들이 내가 무서웠는지 동그랗고 커다란 눈만 깜박거릴 뿐 질문에 대답을 잘하지 않았다. 그러나 차츰 편하게 대해주고 아이들이 좋아하는 알파벳 게임을 하면서 친해지자 친동생처럼 환하게 웃으면서 따랐다. 정말 천사같이 착하고 순수한 아이들이어서 나는 정이 흠뻑 들고 말았다.

내가 이사를 가게 되어 수업을 더 이상 하지 못하게 되었을 때 아주머니께서는 나를 위해 베트남 전통음식과 케이크를 준비해 환송회를 열어주셨다. 아이들은 나에게 가지 말라며 울면서 매달렸는데, 그때 나도 많이 울었다. 지금도 그 아이들을 잊을 수가 없다.

> **Advice** 외교관, 법조인, 교사, 사회복지사 등 다양한 전공 영역에서 활용 가치가 높은 활동이다. 중고등학교 진학 후에도 지속하고, 활동 후 기록물(봉사일지)을 꼭 남길 것!

사례10 '김탁구 따라잡기'에 참가, 봉사의 의미 깨달아

초등학교 6학년 때 나는 아주 특별한 봉사체험을 했다. 서울시립수서청소년수련관에서 당시 드라마의 인기에 편승해 기획한 '김탁구 따라잡기'라는 경로당 어르신을 상대로 한 봉사활동에 참여했다. 우연히 인터넷을 검색하다가 알게 되었는데, 요리를 직접 만들어 어르신께 간식으로 전달하는 '파티쉐 직업체험'까지 할 수 있었다. 나는 드라마를 보면서 제과제빵 조리사에 대한 관심이 부쩍 커졌던 상태였다.

평소엔 집에서 한 번도 요리를 해본 적이 없지만 김탁구처럼 빵을 직접 만든다고 생각하니까 당장 참여하고 싶었다. 솔직히 처음엔 봉사활동을 한다는 생각보다는 '빵요리'에 참가하고 싶다는 생각만 가득 했다. 친구들 3명과 함께 참여했는데 한 반이 20명이었다. 쿠키와 케이크를 만들었는데, 요리 도구를 다루는 법도 익숙지 않고 알려준 대로 반죽 재료를 넣고 섞었는데도 영 마음대로 되질 않았다. 색깔도 모양도 맛도 모두 엉성하기 그지없었다.

우리 팀은 '이 빵을 어르신들께서 먹지 않겠다고 하시면 어떻게 하나?'라는 걱정이 앞섰다. 아주 그럴듯하게 완성한 팀들의 빵과 쿠키를 부러운 눈으로 쳐다보면서 어르신들 앞에 차려드렸는데, 다행히 아주 맛있게 드셨다. 나는 창피하기도 했지만 괜히 기분이 좋아졌다. 솔직히 내가 좋아하는 빵과 케이크를 친구들과 함께 만든다는 생각만 있었을 뿐 봉사활동은 안중에도 없었다. 봉사활동으로 6시간 인정해 준다는 사실도 나중에 알았다.

> **Advice** 철없는 초등학생이 봉사활동의 의미를 알아가는 과정이 정겹기까지 하다. 최근엔 공공기관에서 다양한 봉사활동을 기획하기 때문에 수시로 지역기관 및 단체행사를 검색할 것!

사례 11 독거노인을 찾아가 자서전을 써드려

나는 고등학교에 진학한 후 봉사동아리에 가입했다. 다양한 봉사활동 중에서 독거노인에게 도시락을 배달하는 활동도 있었는데, 그 중 내가 담당했던 할머니와 친해지게 되었다. 주말엔 개인적으로 찾아가 할머니와 이야기를 나누기도 했는데, 어느 날 '내 이야기 좀 써줘.'라고 부탁을 하셨다. 남편도 자식도 다 떠나보낸 뒤 자신이 죽으면 너무 허무하지 않느냐면서 자신의 이야기를 써달라고 하시면서 할머니의 옛 사진첩을 보여주셨다.

이 이야기를 동아리 친구들에게 해주었더니 좋은 생각이라면서 봉사활동에서 만난 노인 10여 명의 자서전을 써주기로 했다. 우리는 6개월 동안 정기적으로 노인을 찾아뵙고 인터뷰를 하고 녹음을 했다. 또 과거 사진도 찾아서 순서대로 배열했다. 녹음을 풀어가면서 원고 정리를 하는 것은 꽤나 힘들었다. 초고가 완성된 후에는 자신의 이야기를 직접 읽어보게끔 했는데, 수정하는 것도 만만치 않았다.

마침내 권당 100여 쪽에 달하는 자서전이 10권 탄생했다. 내가 써드린 할머니는 '이제 죽어도 여한이 없다.'며 눈물을 보이셨다. 미국에 있는 아들에게도 한 권을 부쳐주었는데, 이를 계기고 3년 만에 자식들과 만나는 기쁨도 맛보셨다.

Advice 매우 독특하면서도 아름다운 봉사 경험이다. 고등학생으로서 만만치 않은 시간 투자와 노력이 필요했을 것 같다. 성실성과 진실성이 그대로 전해져온다.

사례12 북버디에 참가, 의형제를 맺은 초등학교 4학년 동생

나는 중학교 2학년 겨울방학 때 지역교육문화회관에서 실시한 북버디(Book Buddy) 자원봉사 프로그램에 참가했다. 영어교사가 꿈인 나에게는 가장 적합한 봉사활동이라고 판단하여 지원했다. 난 어릴 때부터 영어가 정말 재미있었다. 집에서도 항상 영어 듣기와 스토리북을 읽으며 영어 공부를 열심히 했는데, 그 결과 중학교에 진학한 후 영어 시험은 거의 100점이었고 영어인증 점수도 텝스 800점대의 실력을 갖추게 되었다.

구체적인 진로가 결정이 되니까 영어 공부를 더욱 열심히 하게 되었다. 학

교에서 영어논술동아리 회원으로 활동하고 있었는데, 방학 때 북버디 자원
봉사자를 뽑는다는 소식을 듣고 동아리 회원 3명이 동시에 지원하게 되었다.

내가 담당한 어린이는 초등학교 4학년 남학생이었다. 동생이 없던 나는
그 아이가 마음에 쏙 들었다. 학교에서 영어를 배우긴 하지만 거의 따라가지
못하고 영어학원은 돈이 없어서 못 다닌다고 했다. 나는 영어를 배우고 싶은
마음만 있으면 돈이 없어도 스스로 노력하면 얼마든지 영어를 잘할 수 있다
고 격려해 주었다.

1주일에 2회씩 총 8회에 걸쳐 북버디 활동을 했다. 처음엔 영어를 소리내
어 말하거나 읽기를 주저했던 아이들이 영어책을 좋아하게 되고 자연스럽게
읽을 정도로 변해가는 모습을 보면서 한달 동안 애쓴 시간과 노력이 아깝지
않았다. 첫날 만났던 초등학교 4학년 아이는 동생이 없는 나와 의형제를 맺
기로 했고, 영어책을 꾸준히 읽기로 약속했다.

처음엔 봉사활동 시간이 욕심이 나서 시작했지만, 내 능력으로 아이들을
영어와 친숙할 수 있도록 변화시켰다는 생각과 '가르치는 일'이 나에게 잘
맞는다는 사실을 확인할 수 있어서 기분이 참 좋았다. 다음 방학 때도 북버
디 활동에 지속적으로 참가할 계획이다.

Advice 자신의 진로와 봉사활동을 효과적으로 연계시킨 대표사례. 형편이 어려운
초등학생을 가르치면서 변화되는 모습이 감동을 준다.

사례13 농촌지역 초등학생의 영어 선생님으로 2년 동안 자원봉사

나는 고교 시절 2년 동안 월드비전의 자원봉사활동 프로그램인 합스튜터
(HAFS TUTOR)로 활동했다. 외국어고등학교라는 장점을 이용해 영어 교육

을 절실하게 필요로 하는 농촌지역 초등학생의 영어 지도를 담당하는 봉사활동이다. 나를 포함해 총 48명이 참가해 6개 초등학교 480명의 학생들을 지도했다. 영어학과 교수로부터 영어 학습법에 대한 교육을 받고 1년 동안 봉사활동에 임하게 되었는데, 매주 만나는 초등학생들과 정이 들어 이듬해에도 신청해서 활동을 했다.

나를 비롯해 캐나다, 미국 등에서 살다온 친구들도 합류해서 함께 가르쳤다. 교재는 어학원에서 무상으로 제공해 주었다. 지원한다고 해서 모두 선발되는 것은 아니고 토플 110점 이상이라는 자격 조건이 있었다. 아이들은 '나의 꿈 책 만들기' 시간에 자신의 꿈을 적은 책을 각자 만들어 친구들 앞에서 발표하는 프로젝트를 특히 좋아했다. 무조건 읽고 외우게 하는 것보다 훨씬 효과적으로 영어를 습득할 수 있는 다양한 방법이 있다는 사실도 깨달았다.

나의 꿈은 영어학 교수인데 직접 학생들을 가르치면서 나의 꿈을 몇 년 앞당긴 듯한 행복감에 빠지기도 했다. 누군가를 가르치는 일이 나의 적성에 잘 맞고, 더구나 나의 재능을 필요로 하는 사람에게 성심껏 베푼다는 것이 보람있다는 사실도 확실히 깨달았다.

Advice 영어실력이 전국 최상위권이라야 가능한 봉사활동이다. 이 활동 자체로 '진로체험', '봉사' 외에 '영어실력'도 함께 평가받을 수 있을 것.

사례 14 청소년 도슨트로 활동하며 역사학자의 꿈 키워

나는 장래희망이 '역사 전문가'이다. 중학생인 나는 더 구체적인 직업까지는 생각해 보지 않았다. 그러나 우리의 역사를 제대로 세계에 알리고 싶다는 생각은 늘 해왔다. 초등학교 때부터 '사회박사'라는 별명으로 불릴 정도로 역사에 관심이 많았다. 그래서 역사 관련 책이나 TV드라마, 영화는 빠짐없이 보았다.

중학교에 진학한 후에는 동아리에 가입해야겠다고 생각했다. 그러나 학교에는 역사동아리가 없었다. 나는 학교 측에 동아리 제안서를 제출하고 마침내 2학년 때 '발해를 찾아서'라는 동아리를 만들어 초대회장이 되었다.

한국사와 세계사를 중점적으로 공부하고 토론하는 것이 동아리 프로그램의 대부분이었는데, 어느 날 국제교육문화진흥원의 글로벌 리더십 교육 '마리이야기'에 대한 정보를 듣게 되었다. 국제교류문화진흥원은 세계 무대에 우리 문화를 당당히 소개할 수 있는 국제 인력을 양성하고 민간 외교관으로서 외국인을 위한 문화체험 자원봉사를 추진하는 시민단체다. 나는 7개월간의 교육과 테스트를 거쳐 중학교 3학년 때부터 청소년 도슨트(Docent, 전시설명 안내인)로 활동할 수 있게 되었다.

내가 아는 역사 지식을 남에게 알려줘야 하는데, 대상이 외국인인 경우는 영어로 설명을 해야 하기 때문에 영어 공부도 열심히 해야 했다. 어려운 영어를 섣불리 사용하는 것보다는 내 수준에서 쉽게 설명하는 것이 가장 효과적으로 이해시킬 수 있다는 사실도 알았다. 이러는 과정에서 영어 실력이 크게 향상되었다. 최근엔 조선왕릉 전시관에서 방문객에게 조선시대 왕릉의 분포지역과 무덤 양식을 안내했다.

Advice 도슨트활동은 역사공부도 하고, 프리젠테이션 능력도 평가받고, 영어능력도 향상하는 등 진로와 연관성이 있다면 최고의 봉사활동 효과를 얻을 수 있다. 그러나 과정 자체가 까다롭고 오랜 시간이 걸리기 때문에 섣불리 시작했다가 중도포기하는 사례도 많다.

나에게 고등학교 시절 중 가장 기억에 남는 활동을 꼽으라고 하면 단연 '봉사활동'이다. 총학생회에서 총무를 맡았는데, 학생회 차원에서 지역 독거노인을 위한 봉사활동을 시작했다. 학생회의에서 제안된 의견을 받아들여 추친했는데, 대상은 독거노인을 비롯해 장애인가정, 차상위계층, 소년소녀가장 등이었다. 1년에 두 번씩 전교생을 대상으로 천 원씩 성금을 모아 지역복지관이나 동사무소에서 추천해 준 60여 곳의 가정에 쌀을 구입해 전달했다.

나는 쌀 배달 봉사에 참여했던 친구와 함께 주말을 이용해 한 가정에 학습봉사를 했다. 중학교 1학년인 큰아이는 머리가 좋아서 우리가 수학과 영어를 가르친 후 평균이 무려 20점이 올랐다. 그때부터 자신감을 갖게 되어 수학과 영어뿐만 아니라 다른 과목도 열심히 공부해서 1년 만에 전교 20등이라는 쾌거를 이루었다. 큰아이는 학습에 자신감이 생기자 동생도 스스로 가르치기 시작했다.

나의 작은 관심이 두 아이에게 꿈과 자신감을 심어주었다는 사실이 너무 놀라웠고 또 행복했다. 내가 공식적으로 봉사활동을 하지 않았기 때문에 형제의 학습지도는 학교생활기록부 봉사시간에 기록되지는 않았다. 그러나 대학 입시 자기소개서에 이러한 경험을 피력할 수 있었다.

Advice 봉사시간이 부여되지 않는 활동을 기록했고, 이를 자기소개서에 피력했다면 긍정적인 평가를 받았을 것이다. 성숙된 봉사정신의 참 의미를 느끼게 해주기 때문이다.

　나는 중학교 1학년 때부터 토요일을 이용해 노인요양원 봉사를 꾸준히 실천해 왔다. 혼자 외롭게 지내는 노인들을 처음 만났을 때는 곁에 가기조차 힘들었다. 특유의 냄새도 싫었고 손을 덜덜 떨거나 수시로 침을 흘리는 등 나에게는 너무 낯설고 때로는 무섭게 느껴지기까지 했다. 귀가 어두워 의사소통도 힘들었다.

　봉사활동 첫날, 나는 '아무리 봉사 시간이 중요하다고 하지만 다시는 오지 않을 테다.'라고 마음먹고 집으로 돌아갔다. 그 다음날도 친구가 거의 끌고 오다시피해 어쩔 수 없이 다시 가게 되었다. 친구는 늘 하던 일처럼 노인에게 스스럼없이 다가갔고, 우리가 사전교육을 받은 대로 크림 등을 활용해 손과 발을 마사지해 주고 어깨도 주물러드렸다. 나는 마지못해 친구를 따라하는 정도였다. 봉사활동을 마치고 인사를 하고 집으로 돌아오려는데 그날 마사지를 해드렸던 할머니가 내 손을 잡고 사탕을 꼭 쥐어주셨다. 그리고 다음에 또 오라고 말씀하셨다.

　집으로 돌아온 나는 눈물을 글썽이며 내 손을 꼭 쥐던 할머니의 모습을 떠올리며 가슴이 뭉클해졌다. 그 다음부터는 자발적으로 요양원을 방문하게 되었으며 다른 친구까지 설득해 함께 참여시킬 정도로 적극적으로 변했다. 학교 사물놀이동아리에 직접 제안을 해서 요양원에서 공연을 펼치는 데 일등공신 역할도 했다.

　Advice 처음 봉사활동을 시작할 때의 마음과 변화하는 모습 등이 매우 솔직하고, 그래서 더 감동을 준다. 봉사활동의 의미는 이러한 긍정적인 변화에서 찾아야 한다.

중학교 1학년 때 아버지가 암으로 돌아가셨다. 6개월이라는 투병 기간 끝에 임종을 맞으셨는데, 그때의 슬픔은 뭐라 표현할 수가 없다. 중학교 3학년 봄, 나는 교회 공지사항에서 '호스피스 교육 신청자 모집'이라는 글귀를 발견했다. 호스피스에 관련된 기사를 검색하자 '의학적으로 임종 시기가 6개월 이내로 제한된 환자와 그 가족들을 사랑으로 보살피는 활동'이라고 되어 있었다.

나는 아버지가 시키는 일이라 생각하고 어머니께 상의를 드리고 신청을 했다. 중고생은 무료로 5회에 걸쳐 교육을 받았다. 호스피스 교육 기간 중 환우의 유언과 상속, 호스피스 간호, 응급상황 기본자세, 죽음에 대한 이해, 임종증상과 대처방안 등을 배웠다. 마지막으로 실제로 환우들이 있는 병동에서 현장교육을 받았고, 그 이후로 호스피스 자원봉사활동을 시작했다. 나는 아버지를 보내드리듯 정성껏 마음으로 그들을 간호해 드렸고 마지막을 지켜봐드렸다.

고등학교 진학 후에도 지속적으로 호스피스활동을 했으며, 학교 동아리 친구들이 봉사활동을 원해서 병실 청소와 간호보조 봉사를 연결시켜 주기도 했다. 오랜 기간 동안 해온 호스피스 자원봉사를 통해 나는 사회복지학에 관심을 갖게 되었고 대학에서도 전공을 하기로 마음먹기에 이르렀다.

Advice 개인적 이유로 시작한 봉사활동을 통해 자신의 진로적성까지 탐색해 나가는 과정에서 진실성이 강하게 느껴진다.

나는 얼마 전 아주 뜻깊은 체험을 했다. 예술고등학교에서 미술을 전공하는 나는 학생과 학부모가 모여서 벽화그리기 봉사활동을 한다는 소식을 듣고 바로 신청을 했다. 어머니도 적극 참여하셨다. 지난 해 선배들이 경로당 담장에 벽화를 그려 온 마을이 환해지는 데 기여를 했다는 좋은 평가를 받은 적이 있었는데, 나도 꼭 참여해 보고 싶다는 생각을 했었다.

마침내 38명의 신청자가 모여 마을로 갔고, 이틀간에 걸쳐 마을 담장의 벽화를 완성했다. 캔버스에 그림을 그리다가 담장에 그리니까 느낌이 새로웠고 더 자유로운 기분이 들었다. 무엇보다 내 개인의 감상과 이익을 위해 그리는 것이 아니라 마을 주민을 위해 그린다고 생각하니까 더 신이 났다. 꽃도 그리고 새도 그리고 들판도 그렸다. 친구들 모두 자신이 맡은 담장을 완성하기 위해 땀을 흘렸다.

마침내 이틀 동안의 노력이 담장에 펼쳐졌을 때는 부족한 것 같아 부끄러운 마음이 들기도 했지만, 마을 주민들이 기뻐하는 모습을 보니 흐뭇했다. 나는 이번 경험을 계기로 농촌 지역뿐만 아니라 도시의 소외된 지역을 찾아 벽화그리기 봉사활동을 추진해 볼 계획이다.

Advice 미술과 지망생이 할 수 있는 적절한 봉사활동이다. 자신의 노력과 재능봉사를 통해 얻는 기쁨과 성취감은 물론, 또 다른 봉사활동을 계획하는 적극성이 돋보인다.

나는 전국단위 자율형사립고인 강원도 횡성에 있는 민족사관고등학교에 다니면서 다양한 봉사활동에 참여했다. 그 중 가장 기억에 남는 활동이 세계선수권대회 민간통역 자원봉사이다.

민족사관고 학생 28명은 횡성에 있는 성우리조트에서 개최되는 'FIS 스노보드 세계선수권대회'의 자원봉사를 신청해 본격적인 활동을 펼쳤다. 이 대회는 50개국에서 1,200여 명의 선수와 임원진 등이 참가하는 스노보드 단일 종목으로 가장 크고 권위 있는 국제대회로, 횡성군은 대회준비에 각별한 신경을 기울였다. 나를 비롯한 민사고 학생들은 30명의 민간통역 자원봉사자들과 함께 유창한 영어 실력을 활용하여 선수단을 위해 조직위원회와 수송 및 의전, 숙박, 행정보조 등 다양한 분야에서 활동을 벌였다.

나를 비롯한 민사고 학생들은 그 전에도 성우리조트에서 열린 'FIS스노보드 세계월드컵대회'에 50여 명이 첫 통역 자원봉사로 활동하며 실력을 인정받아 그해 8월 국제세팍타크로 선수권대회에도 50여 명이 참여해 대회 진행에 큰 도움을 주었다. 우리가 참여한 이러한 세계대회의 자원봉사는 세계 각국의 선수단에게 깊은 인상을 심어주었다는 평가를 받았다.

Advice 상당수가 유학을 준비하는 민사고 학생들에게 적절하고, 또 민사고 학생이기 때문에 가능한 수준 높은 봉사활동이다. 단, 자신의 스펙이나 실력 과시가 아닌 진정으로 지역주민과 국가를 위해 봉사한다는 마음을 잃지 말아야 할 것.

나는 고등학교 1학년 때 세계청소년봉사단 코피온의 일원으로 태국 치앙마이로 봉사활동을 하러 갔다. 사전교육을 받으며 봉사에 대한 의지보다 해외에 간다는 설렘이 더 컸던 것이 사실이다. 하지만 인솔을 맡은 현지 목사님 아들이 우리가 도착하기 바로 전날 교통사고로 사망하는 충격적인 일이 일어났다. 낯선 땅에 내리자마자 접한 돌발상황에 당황했지만 청년들이 없어 나와 봉사자 남학생들이 운구를 하며 장례를 도왔다.

인솔자가 없는 상황에서 봉사지역이 산간오지로 변경되기까지 하여 우리 일행은 모두 팀의 리더를 맡아야 했다. 마실 물과 음식이 부족했고 마을에 길을 놓으며 가져간 옷들이 누더기가 될 만큼 고생했지만, 순수하고 착한 현지 어린이들을 돌보며 큰 기쁨을 얻을 수 있었다.

태국에서의 봉사활동은 그동안 봉사활동을 형식적으로 생각했던 내 의식을 바꾸는 계기가 되었다. 그곳에서 배운 가르침을 일상에서 꾸준히 실천하고자 부모님께서 후원하시던 보육원을 방문해 동생들과 결연을 맺고 멘토가 되었다. 또한 소아병동에서 환우들을 돌보는 봉사활동을 하기도 하고, 아버지께서 운영하시는 동물병원에 맡겨지는 유기견을 돌보기도 했다. 그 후 대학에서 수여하는 봉사상까지 받고 나니 더욱 책임감을 가지고 봉사와 나눔, 섬김의 리더십을 실천해야겠다는 각오를 다지게 되었다.

Advice 아주 특별한 봉사활동 경험을 통해 봉사의 정신을 제대로 깨달아가는 과정이 감동을 준다. '봉사상' 수상은 땀흘린 시간과 노력의 정당한 대가인 듯.

방과후학교활동 : 6개 활동 사례 & 에듀팟 가이드

• **방과후학교활동이란?**

· 방과후학교는 수요자(학생, 학부모) 중심으로 운영하는 정규 교육과정
  이외의 학교교육 활동이다.

• **기록방법**

· 학생이 지속적으로 참가했던 특기적성 방과후학교의 프로그램 내용을
  중심으로 프로그램을 끝마치고 나서 기록한다.

• **기록내용**

· 참여프로그램명, 승인교사, 참여기간, 활동장소, 지도교사, 참여동기
  및 목적, 참여프로그램의 내용, 참여 후 소감 등을 기록한다.

• **유의사항**

· 단순한 문제풀이 중심의 교과 보충 프로그램은 기록하지 않는다.
· 활동 관련 자료를 업로드 할 경우 개인별 사용용량의 제한을 고려하여
  꼭 필요한 증빙자료만 올린다.

가. 화면구성

참여프로그램명	방과후 영어원서읽기반	
참여기간	2010-02-09 [달력] ～ 2010-02-09 [달력]	
활동장소	도서관	
지도교사	영어 선생님	
파일올리기	[파일첨부] ☐ 테스트파일1	방과후활동.jpg(41438kb)
	[파일첨부] ☐ 테스트파일2	방과후활동1.jpg(300232kb)
	삭제하고자 하는 파일을 체크해 주세요.	

▶ 방과후학교 프로그램에 참여하게 된 동기와 목적을 써보세요.

학교에서 실시된 영어원서읽기반에 참여하게 되었다. 영어원서를 읽으며 독해능력을 키우기위해서이다.

▶ 참여프로그램의 내용과 참여 후 소감을 써보세요.

처음 접하는 전공영어가 많이 나와서 원서를 읽기가 무척 힘들었다. 일반 신문에 나오는 내용이 아니라 사회학과 관련된 내용이라서 더욱 쉽지 않았다.

나. 세부메뉴 설명

①참여프로그램명				②승인교사		
③참여기간				(총 ☐ 시간)		
④활동장소				⑤지도교사		
⑥첨부파일	번호	파일명	용량	설명	[추가] [제거] [다운로드]	
	1	토론.hwp	16KB	문서1		
	2					

⑦방과후학교 프로그램에 참여하게 된 동기 또는 목적을 써보세요.

⑧참여프로그램의 내용과 소감을 써보세요.

① **참여프로그램명** : 참여한 방과후학교 프로그램 이름을 입력한다.

② **승인교사** : 방과후학교활동 정보 승인을 위한 교사를 선택한다(기본값은 담임교사임).

③ **참여기간** : 방과후학교 프로그램을 끝마친 후 시작 날짜와 끝난 날짜를 선택하고 총 시간을 입력한다.

④ **활동장소** : 방과후학교 프로그램을 운영한 장소를 입력한다.

⑤ **지도교사** : 방과후학교 프로그램을 지도한 교사 이름을 입력한다.

⑥ **첨부파일** : 문서첨부 제한은 40MB이고 파일크기 제한은 10MB이며, 가능한 파일의 확장자는 jpg, gif, hwp, xls, ppt, pdf이다. 본인이 추가한 파일을 제거할 수 있고 다운로드 받을 수 있다.

⑦ **참여 동기 또는 목적** : 방과후학교활동 프로그램에 참여하게 된 동기 또는 목적을 입력한다.

⑧ **프로그램 내용과 소감** : 참여한 방과후학교활동 프로그램의 내용과 참여 후 소감을 입력한다.

사례 1 원탁토론반

이번 겨울방학에 친구가 방과후학교활동으로 원탁토론반에 들어간다고 했다. 원탁토론에 대해 잘 몰라서 머뭇거리자 친구는 화기애애한 분위기 속에서 토론을 할 수 있다고 했다. 이번 기회에 수줍어하고 머뭇거리는 나의 성격을 고쳐볼 수 있을 것 같아서 함께 참여하게 되었다.

원탁토론은 7~8명의 학생들이 원형 테이블에 앉아 일정한 주제를 정하고 그것에 대해 자유롭게 의견을 나누는 활동이었다. 선생님께서도 학생들과 동등한 위치에서 상호 관심사에 대하여 의견을 나누었다. 원탁토론반에서 녹색 성장, 지구 온난화 등과 같은 주변에서 쉽게 접할 수 있는 주제를 가지고 토론한 결과, 자신의 의견을 남 앞에서 거리낌없이 이야기할 수 있는 능력을 기르게 되었다.

> **Advice** 표현능력, 어휘력, 배경지식 등을 고루 향상시킬 수 있는 프로그램이니만큼 입시에서 인정해 주는 폭도 크다.

사례2 지구환경 프로젝트 수업

평소에 지구환경에 대해 관심이 많았다. 그런데 지구과학 선생님께서 지구환경에 대한 프로젝트 수업을 방과후학교활동으로 개설한다고 해서 문을 두드리게 되었다.

첫 시간에 선생님께서는 우리가 살고 있는 지역의 쓰레기 매립장이 가득 차서 문을 닫아야 할 상태라는 시나리오를 우리에게 주었다. 우리는 폐기물 관리 자문위원 역할을 하면서 학교와 지역사회의 폐기물 관리 관행을 분석하였다. 총 20명의 학생이 5명씩 팀을 구성하여 효율적이고 친환경적인 재활용 프로그램을 만들었다.

마무리 활동으로 학생들이 직접 쓰레기를 재활용하여 만든 아름답고 유용한 공예품을 판매하는 알뜰시장을 열었다. 그 수익금을 가난한 아프리카 어린이들을 위해 기부하고 나니 마음이 뿌듯했다.

> **Advice** 이 정도의 의미 있고 심도 있는 방과후 프로그램이 진행될 수만 있다면, 학원 문을 닫아야 할지도……. 이런 학교를 다니는 학생은 '행운아'라고 생각한다.

고등학교에 입학하자마자 사물놀이 방과후학교활동을 하게 되었다. 사물놀이반에서는 점심시간과 토요일 방과후 시간을 이용하여 틈틈이 연습했다. 공부에 지장을 받지 않을까 걱정하시던 부모님께서도 열심히 하는 모습을 지켜보시며 차츰 응원을 해주시게 되었다.

국악기 연주를 통하여 감정을 순화하는 프로그램을 접할 수 있었고, 학업의 스트레스를 해결할 수 있었다.

매주 토요일 3시간 동안 선생님께 전문적인 지도를 받고 주중에는 점심과 저녁 시간을 활용하여 선후배가 함께 연습함으로써 몸과 마음이 깨끗해지고 자신을 돌아볼 수 있는 기회가 생겼다.

Advice 예체능활동은 전공과 상관없이 긍정적인 평가를 받는다. 방과후학교활동에 이어 교내외 공연, 봉사활동으로 연결시키면 금상첨화.

사례 4 요리반

평소 요리에 관심이 많았는데 마침 학교에서 재료비와 강사비도 받지 않고 무료로 운영하는 요리반을 개설한다는 소식을 들었다.

고등학교 졸업 후 진로에 대해 제빵 관련 일을 생각하고 있었는데, 방과후학교활동을 통해 기본적인 것을 배워두면 많은 도움이 될 것 같았다. 2년 동안 열심히 해서 나중에 꼭 훌륭한 요리사가 되고 싶다.

화전이나 샌드위치와 같이 간단히 만들 수 있는 것부터 시작하여 닭죽, 백숙 등과 같은 영양식, 그리고 피자나 쿠키와 같이 내가 좋아하는 것을 포함하여 여러 가지 음식을 만들어봄으로써 다양한 맛을 느껴보고 여러 가지 체험을 할 수 있었다. 친구들과 함께 쉬운 수준부터 배울 수 있어서 정말 재미 있었다.

그리고 내가 만든 요리를 맛있게 먹는 사람들의 모습을 보며 또 다른 기쁨을 느낄 수 있었다. 내년에는 그동안 못해봤던 다양한 요리를 해보면 좋겠다.

> **Advice** 학원이 아닌 방과후활동으로 자신이 원하던 일을 접하는 기쁨은 매우 클 것이다. 졸업 후 진로까지 연결하는 계기가 되었으니, 활동내역은 진학 혹은 취업에 큰 도움이 될 것이다.

사례5 요가반

학교생활을 하면서 교과활동에만 치중하다 보니 항상 시험 성적에 대한 스트레스와 대학 입시에 대한 불안감 때문에 정신을 집중하기가 어려웠다. 공부할 때는 물론 평소에도 잡념을 떨쳐버리기가 힘들었다. 그러던 중 방과후학교 프로그램 중에 심신의 건강과 안정을 찾을 수 있는 요가반에 관심이 있어 신청하였다.

처음에는 요가 선생님의 동작을 따라 하는 것이 무척 힘들고 똑같은 동작을 여러 번 반복하는 것이 지겹기까지 했다. 먼저 요가에 대한 간단한 설명과 함께 기(氣)를 느끼고 요가 동작에 따른 복식 호흡 익히기, 체형의 불균형 찾기, 척추의 유연성 강화, 평형감각 익히기, 집중력 강화, 온몸의 경직 풀기 등 여러 가지 자세를 배울 수 있었다.

처음엔 똑같은 동작을 여러 번 되풀이하여 힘들었지만 2주 정도 다니고 난 후에는 몸이 훨씬 가벼워지기 시작했다. 예전에는 책상에 앉아서 공부에 집중하는 데 많은 시간이 걸렸지만, 지금은 아무런 잡념이 들지 않고 곧바로 집중할 수 있게 되었다.

> **Advice** 꼭 학습과 직접 연결된 것이 아니라도 이러한 간접활동이 학습능력 향상과 연계된 사례는 좋은 평가를 받는다.

사례6 지리산 야생화 사이버생태반

지리산 야생화 사이버 생태 산업관 홈페이지(http://wf.or.kr)를 방문하게 되었다. 지리산 야생화에 대한 다양한 정보와 함께 온실효과로 인하여 야생화 서식지가 줄어들고 있다는 안타까운 내용도 있었다. 인간과 자연이 조화를 이루어야 하는데 인간이 자연을 돌보지 않고 자신의 이익만 챙기게 될 경우 오히려 자연으로부터 불이익을 당할 것이라는 생각이 들었다. 올 여름에는 실제로 지리산을 방문하여 그동안 사이버 상에서 눈에 익혔던 식물을 직접 보고 싶은 마음이 들었다.

방과후학교활동인 지리산 야생화 사이버 생태반에서는 먼저 야생화 관련 VOD를 보며 야생화를 가상체험하였다. 지리산 야생화를 화폭에 담은 여러 작가들의 그림을 감상하고 사계절마다 바뀌는 지리산의 아름다운 풍경을 마음껏 감상할 수 있었다. 또한 야생화를 기르는 방법, 압화를 만드는 방법, 꽃이름 맞추기, 조각 맞추기, 포토 메일 등 여러 가지 재미있는 활동을 하였다. 사이버 상에서는 야생화를 활용한 스크린 세이버, 월페이퍼, 야생화 달력을 접하면서 야생화의 아름다움도 알게 되었다.

> **Advice** 교내활동으로 끝내지 말고 교외 전시회, 현장체험, 현장봉사 등으로 확대시키면 더욱 좋을 듯하다.

지금까지는 비교과 준비 상황이 미흡한 편이었기 때문에 전격적으로 비교과를 반영하기 힘든 점이 있었지만, 향후 창의적체험활동시스템 등으로 비교과가 효과적으로 관리되면 내신만으로 선발하는 전형은 점점 폭이 더 줄어들 것이다. 따라서 '공부만 잘하는 아이'는 점점 경쟁력이 떨어진다는 원칙하에 학생의 진로에 맞는 다양한 비교과 활동을 일찌감치 준비해야 한다.

05

주말활동

비교과 Q&A

◦ '비교과'란 구체적으로 어떤 것을 말하나요?

◦ 입학사정관제로 입시를 준비하지 않는 경우에는 비교과를 신경 쓰지 않아도 되나요?

◦ 비교과는 초등학교 때부터 시작하는 것이 유리한가요?

◦ 학교생활에서 임원활동이나 선도부활동 등은 어떤 도움이 되나요?

◦ 봉사활동은 무조건 많이 하는 것이 좋은가요?

◦ 독서활동은 어떻게 관리되는 건가요?

◦ 인증시험, 외부 경시대회 등도 비교과로 인정받을 수 있나요?

◦ 교내활동이 아닌 경우에는 학교생활기록부에 올릴 수 없는 건가요?

◦ 고등학교 학생부에는 자격증을 올릴 수 있다고 하는데, 어떤 자격증이 가능한가요?

◦ 내신이 아주 우수한데, 비교과까지 준비해야 할 필요가 있을까요?

◦ 교과 공부와 비교과 준비는 어떻게 균형을 잡아 나가는 것이 좋을까요?

◦ 아직 진로를 정하지 못한 초등학생은 비교과를 어떻게 준비해야 하나요?

◦ 자기소개서 표절검색 시스템이라는 것이 무엇인가요?

◦ 특정학과에 맞춰 비교과를 준비하다 갑자기 진로를 바꾸면 이전 활동은 다 소용이 없나요?

◦ 해외체험활동은 반영할 수 있나요?

◦ 외부 동아리활동도 인정이 되나요?

◦ 모든 활동이 반드시 자신의 진로적성과 연결되어야 하나요?

◦ 비교과도 사교육이 필요하다고 하는데, 정말 그런가요?

비교과 궁금증 풀기

비교과를 준비하는 과정에서 궁금한 부분들이 적지 않지만, 제대로 된 정확한 답을 얻기에 마땅치가 않다. 그래서 학부모와 학생들이 가장 궁금해하는 비교과 관련 질문들 중 대표 항목들을 추려보았다.

Q '비교과'란 구체적으로 어떤 것을 말하나요?

A 일반적으로 비교과란 학교생활기록부에 기재되어 있는 내용 중 교과 외의 분야들을 말합니다. 구체적으로는 출결, 자격증 및 각종 인증취득 상황, 창의적체험활동(이하 창체) 상황, 독서활동 상황 등을 예로 들 수 있습니다. 창의적체험활동의 세부사항으로는 학생회, 수련활동, 문화답사 등의 자

율활동, 동아리활동, 봉사활동, 진로활동 등이 있습니다.

지금까지는 교과란만 입시에서 필요했기 때문에 비교과는 늘 있었지만 형식적으로 기록이 되곤 했습니다. 그러나 이제는 '한 줄짜리 기록'이 아닌 '스토리가 있는 서술형'으로 창체와 더불어 비교과가 기록됩니다. 그래야 상급학교에서 자료로 활용할 수 있기 때문입니다.

Q 입학사정관제로 입시를 준비하지 않는 경우에는 비교과를 신경 쓰지 않아도 되나요?

A 입학사정관제가 아닌 대학 입시 중에도 서류전형을 통해 비교과가 반영되는 전형이 있습니다. 학교에 따라 출석과 봉사활동과 같은 일부 비교과 부분만을 평가하는 전형이 있는데 사실상 '무단 결석' 등 감점 요인이 있는 학생은 거의 없으므로 대부분 만점 처리를 받습니다. 입학사정관이 전 과정에서 참여하거나 부분 참여하는 입학사정관 전형에서는 비교과가 교과만큼 중요한 비중을 차지합니다. 따라서 내신 전형, 혹은 수능 위주의 정시 등 비교과가 일체 필요 없는 전형을 준비한다면 비교과를 굳이 챙기지 않아도 됩니다.

그러나 수능이 점점 쉬워져 변별력이 떨어지면 교과 과목의 비중이 줄어들고 상대적으로 비교과의 비중은 높아지게 됩니다. 현재 서울대의 서류종합평가(학교생활기록부의 교과, 비교과 + 자기소개서 + 추천서 + 증빙자료) 형식으로 전체 대학이 움직여 나간다는 사실을 인지하고 미리 준비해야 합니다.

A 비교과 준비는 빠를수록 유리합니다. 요즘은 초·중·고에 걸쳐 장기 로드맵을 짜서 움직이는 학부모들도 꽤 많습니다. 이때 각각 학령기별 특성에 맞추어 움직이는 것이 중요합니다. 초등학생 혹은 중학생에게 이미 정해진 진로와 꿈을 원하는 것은 다소 무리가 따를 수 있기 때문입니다.

초등학교 6년은 '탐색기'입니다. 가장 중요한 것은 다양한 경험과 직접적인 체험입니다. 박물관 견학, 유적지 탐사, 활발한 독서활동과 글쓰기, 다양한 문화체험, 학과별 체험 등 어떠한 영역이든 학생이 관심을 보이는 분야라면 직접 체험을 하면서 보고 듣고 느끼게 해주는 것이 가장 좋습니다. 그러는 중에 자신이 무엇을 좋아하는지, 무엇을 잘할 수 있는지 등 다각도로 생각할 수 있는 여유가 생깁니다.

중학교 3년은 '선택기'입니다. 초등학교 때는 꿈도 자주 바뀌고 황당한 꿈도 꾸곤 하지요. 꿈을 꾼다 하더라도 포괄적입니다. 예를 들어 '대통령', '과학자' 이런 식입니다. 중학교 진학 이후로는 꿈을 조금씩 구체화시켜 나가는 과정입니다. '과학자'가 아닌 '지구과학자' 식으로 말입니다.

고등학교 3년은 '집중기'입니다. 이제 꿈은 구체화되어 '나사 연구원'이 됩니다. 그리고 이를 향해 집중적으로 포트폴리오를 만들어 나가는 것입니다.

지금까지는 성적 외에 신경을 쓰지 않아도 무관했던 진로탐색의 문제를 이제는 초등학교 때부터 꾸준히 학습하고 고민해야 합니다. 성적에 맞춰 대학과 학과를 정하는 시대는 이미 지났기 때문입니다.

Q 학교생활에서 임원활동이나 선도부활동 등은 어떤 도움이 되나요?

A 임원활동이나 선도부활동 등은 학생의 리더십을 보여주는 것으로 어떠한 전형에든 도움이 됩니다. 이러한 학생들만을 위한 리더십 전형도 있습니다. 학급이나 학생회 임원이 아니더라도 동아리나 스터디 모임의 장으로서 주도적으로 활동을 이끌어온 것 또한 리더십으로 좋은 평가를 받을 수 있습니다.

하지만 단순히 임원이었다는 사실이 큰 도움이 되기보다는 임원활동을 하는 동안 학생이 구체적으로 리더십을 발휘한 상황이나 내용을 평가한다는 것을 유념해야 합니다. 예를 들어 학생회장 활동을 하면서 학교에서 체벌 대신 벌점제 운영을 학교 측에 건의하여 뜻을 관철시키거나 학교 축제 때 의미 있는 행사를 기획하여 주도적으로 이끌어 나갔던 활동들을 구체적으로 제시할 수 있어야 유리한 평가를 받을 수 있습니다.

Q 봉사활동은 무조건 많이 하는 것이 좋은가요?

A 봉사활동은 개인의 사회성과 배려심, 이타심 등을 평가받을 수 있는 중요한 항목입니다. '글로벌 리더로서의 인재 양성'이 궁극적인 목표인 대학 측의 입장에서 봉사활동은 점차 비중이 높아지고 있습니다.

봉사활동의 중요한 세 가지 원칙은 지속성, 진실성, 당위성입니다. 입시를 코앞에 두고 몇 개월간 많은 시간의 봉사활동을 했다면 오히려 감점당할 확률이 큽니다. 봉사활동은 고1 때부터 하는 것이 좋고, 중학교나 초등학교 때부터 하면 더욱 좋습니다. 다시 말해 오랜 기간 지속하는 것이 중요합니다.

봉사활동은 진실성의 문제도 중요합니다. 활동 내역은 화려한데 입학사정관이 확인했을 때 열정이 부족하게 느껴진다면 감점 요소가 됩니다. 시간이 많든 적든 진심으로 봉사활동에 참여했고 그로 인해 변화된 점 등을 입학사정관들은 주의해서 봅니다.

당위성도 중요합니다. 주변에 봉사활동 거리도 많은데도 불구하고 굳이 큰돈을 들여 해외봉사활동을 다녀왔는데 활동 이유와 열정이 보이지 않는다면 많은 시간과 노력을 투자했음에도 감점 요소가 됩니다. 아주 소박하지만 농촌 기숙학교에서 생활한 학생이 인근 지역의 중학생에게 멘토 역할을 해준 봉사활동은 높은 평가를 받을 수 있습니다. 즉 봉사활동은 시간의 많고 적음 등 양적 평가가 아닌 질적 평가에 더 비중을 둔다는 사실을 명심해야 합니다.

Q 독서활동은 어떻게 관리되는 건가요?

A 독서지원시스템의 독서활동란에 기록된 것들을 참고로 하여 학교생활기록부의 독서활동란에 담임교사 혹은 과목별 담당교사가 기록을 합니다. 최대 2,500자까지 기록할 수 있으며, 과목별로 나누어 연계된 독서활동을 적습니다. 특정 과목으로 나누기 어려운 책은 인문/사회/과학/체육/예술로 구분해서 기록합니다. 독서기록장과 기타 창작물 등 독서 포트폴리오 등의 증빙자료는 학생 개인이 보관하는 것이 좋습니다. 상급학교에서 증빙자료로 요구할 때 제출할 수 있기 때문입니다.

따라서 학교생활기록부에 기록되었다고 해서 자료를 버리면 안 됩니다. 특히 초등학교 때부터 특이할 정도로 책을 많이 읽고 관련 포트폴리오를 만들어왔다면, 초·중등 자료도 보관해 두는 것이 좋습니다. 상급학교에서 이러한 특이 사항은 그 진위여부를 직접 자료를 살펴보면서 판단하고 싶어할 것이기 때문입니다.

독후활동 관리 포인트는 자신의 진로와 관련 있는 과목과 연계된 도서에 집중하는 것이 유리하다는 것입니다. 예를 들어 영문학과를 전공하려고 한다면 영어 원서 등의 책들이 다수 기재되는 것이 좋습니다. 그렇다고 진로 관련 일색은 '편독'으로 느껴질 수 있으므로 관련 도서의 비중을 50%내외로 (50% 내외는 기타 분야 도서) 조정하는 것이 무리가 없습니다.

Q 인증시험, 외부 경시대회 등도 비교과로 인정받을 수 있나요?

A 예전에는 수상경력란에 교내 상과 교외 상으로 나누어 입력을 했습니다. 그러나 규정이 강화되면서 2011학년도부터 초·중·고 모두 교내 상만 입력하고 교외 상은 입력하지 않습니다. 영재교육기관 관련 수상, 학교운영위원장상, 학부모회장상 등도 입력할 수 없습니다. 그리고 학교생활기록부 공신력을 높이고 교내 상의 신뢰성 제고를 위하여 상을 남발하지 않도록 각 학교에 권고하고 있습니다. 교내수상 중 학급, 학년단위의 단체수상도 입력할 수 없습니다.

그렇다고 인증시험, 외부 경시대회가 전혀 소용이 없는 것은 아닙니다. 대학 입시에서 일부 특별전형의 경우 인증시험 점수와 외부 경시대회 수상경력이 자격기준이 되는 경우가 있습니다. 또한 자기소개서, 추천서, 면접에서 어필할 수도 있습니다. 따라서 무분별한 인증점수 획득과 경시대회 참가가 아닌 자신의 진로에 맞는 외부 수상경력 등은 비교과로 인정받지 못하더라도 준비를 해두는 것이 좋습니다.

Q 교내활동이 아닌 경우에는 학교생활기록부에 올릴 수 없는 건가요?

A 그렇지 않습니다. 학교장 추천이나 학교장 승인을 받은 교외활동은 기재가 가능합니다. 학교에서 마련해 준 창의적체험활동과 방과후학교활동 외에 교외에서 이루어지는 활동은 반드시 사전에 담임 혹은 담당교사의 승인을 받아야 합니다.

교사는 학교장의 사전승인과 사후확인 등 일정한 절차를 거치게 되는데, 이 과정에서 기록 가능하다는 승인을 받으면 학생부와 에듀팟에 올릴 수 있습니다.

Q 고등학교 학생부에는 자격증을 올릴 수 있다고 하는데, 어떤 자격증이 가능한가요?

A 고등학생이 재학 중 취득한 국가기술자격법에 의한 국가기술자격증, 개별 법령에 의한 국가자격증, 자격기본법에 의한 국가공인을 받은 민간자격증 중 기술 관련 자격증에 한하여 입력이 가능합니다. 국가기술자격증 현황은 한국직업능력개발원, 한국산업인력공단 홈페이지 등을 통하여 알 수 있습니다.

이전까지는 한국사능력검정시험, 한자능력검정시험, 영어인증시험 등도 기재가 가능했는데, '사교육 유발'의 가능성 때문에 최근 교과와 관련된 모든 자격증은 일체 기재가 불가능하도록 원칙을 바꿨습니다. 기재 가능한 자격증의 예로는 정보기술자격시험, 경제이해력검정시험, 국어능력인증시험, 전산세무회계, 문서실무사, 인터넷정보관리사 등이 있습니다. (114~117쪽 참조)

Q 내신이 아주 우수한데, 비교과까지 준비해야 할 필요가 있을까요?

A 현행 입시는 내신만으로 선발하는 전형도 있습니다. 그러나 지역간, 학교간 학력차가 극심한 현실에서 '내신'만으로 상위권 학생들을 변별하기가 쉽지 않습니다. 상위권 대학일수록 내신 100% 전형은 점점 줄어들거나 아예 없어지는 추세입니다. 대표적인 예로 서울대는 수시 '지역균형선발' 전형에서 2012학년 입시부터 1단계 '내신평가'에서 '내신 + 서류평가'로 바꾸었습니다. 내신만 평가하지 않겠다는 것이지요. 내신과 논술, 내신과 비교과 등을 동시에 반영합니다.

지금까지는 비교과 준비 상황이 미흡한 편이었기 때문에 전격적으로 비교과를 반영하기 힘든 점이 있었지만, 향후 창의적체험활동시스템 등으로 비교과가 효과적으로 관리되면 내신만으로 선발하는 전형은 점점 폭이 더 줄어들 것입니다. 따라서 '공부만 잘하는 아이'는 점점 경쟁력이 떨어진다는 원칙하에 학생의 진로에 맞는 다양한 비교과 활동을 일찌감치 준비해야 하는 것입니다.

Q 교과 공부와 비교과 준비는 어떻게 균형을 잡아 나가는 것이 좋을까요?

A 교과 공부와 비교과는 따로 떨어져 있는 것이 아니라 앞서거니 뒤서거니 하면서 연결되어 있어야 가장 이상적입니다. 동전의 앞면과 뒷면이라는 표현이 맞겠지요. 그러나 아무리 '비교과'가 비중이 커진다고 해도 '교과'를 무시하는 경우는 전세계 어디에도 없습니다. '교과만' 평가하지 않는다는 것이지, '교과를' 평가하지 않는다는 의미가 아닙니다. 따라서 대학 진학 후 학

업수행 능력을 평가받을 수 있는 정도의 '교과' 성적은 관리해야 합니다. (일반고, 특목고 등 학교의 학력에 따라 평가 기준이 달라질 수 있습니다.)

예를 들어 학생의 진로가 '천체과학전문가'라고 했을 때, 교과는 수학과 과학, 영어 순으로 실력이 좋아야 합니다. 교과 성적은 좋을수록 유리하지만, 교과 성적만 좋다고 유리하진 않습니다. 교과와 더불어 천체 분야와 관련된 다양한 비교과 활동이 필요합니다.

천체동아리활동, 천체관측기관 탐방 보고서, 천체과학 관련 대회 참가, 천체전문가 특강 수강 등 자신의 관심사를 교과와 비교과를 통해 안팎으로 내실을 채워 나가야 합니다. 여기에서 교과가 더 중요하다, 비교과가 더 중요하다, 어떤 영역을 더 많이 해야 한다 등의 고민은 알이 먼저냐, 닭이 먼저냐의 고민과 다를 바 없습니다.

Q 아직 진로를 정하지 못한 초등학생은 비교과를 어떻게 준비해야 하나요?

A 초등학교 때는 자신의 진로를 탐색하는 시기입니다. '아는 만큼 보인다.'는 말이 있듯이, 자신이 직접 혹은 간접적으로 많이 탐색하다 보면 그만큼 다방면에서 자극을 받을 수 있습니다.

초등학교 때 구체적인 직업을 정하는 것은 무리입니다. 초등학교 중학년까지는 자신의 꿈이 자주 바뀌기도 합니다. 진로성숙도가 발달한 학생은 초등 5학년이 되면 제법 진로가 구체성을 띄기도 합니다. 그러나 진로를 정하는 시기의 빠르고 늦음은 아무런 문제가 되지 않습니다. 개개인의 환경이나 성향 등에 따라 빨리 정해질 수도 있고 고등학교 진학 이후에 정해질 수도 있습니다.

초등학교 때 가장 주의할 점은 부모님들이 아이의 진로를 정해놓고 강요하는 것입니다. 이는 아무런 의미가 없습니다. 따라서 이 시기에 가장 먼저 아이들에게 해주어야 하는 것은 다양한 체험활동과 말하기 및 글쓰기 훈련입니다. 한쪽 분야에 치우치지 않고 다양한 책을 읽고 직접 체험할 수 있는 기회를 아이에게 제공하여, 자신이 앞으로 무엇을 하고 싶은지에 대한 사전 지식을 가질 수 있도록 도와주어야 합니다. 또한 자신이 알고 있는 것을 말로 혹은 글로 유창하게 표현할 수 있는 능력을 키워주는 것이 이 시기에 가장 먼저 해야 할 일입니다.

예체능 관련 학습은 초등학교 시기에 두루 거치는 것이 좋습니다. 그리고 독서, 견학 등의 활동들은 반드시 보고서 형태로 남겨야 합니다. 실제 이러한 자료가 입시에 활용될 수도 있고, 중·고등학교 진학을 위한 준비 과정으로도 충분한 자료 가치가 있습니다.

Q 자기소개서 표절검색 시스템이라는 것이 무엇인가요?

A 자기소개서 표절검색 시스템은 각 대학이 표절검사를 수행하는 대학별 프로그램과 대교협 차원에서 모든 대학에 접수된 지원 서류의 유사도를 측정하는 프로그램으로 구성되어 있습니다. 대학별 프로그램은 지원자의 자기소개서와 추천서에 대한 원문 분석을 통해 표절여부를 검사합니다. 대교협 프로그램은 각 대학이 제공한 특정 단어나 문장 등 키워드를 통해 모든 지원 서류의 유사도를 검사할 수 있습니다.

대학은 이 시스템의 데이터베이스에 모든 합격자의 자기소개서와 그해 지원자의 자기소개서를 넣습니다. 지원자가 대학의 입학 홈페이지에 지원서를 내는 순간, 다시 말해 입학사정관이 검토하기도 전에 컴퓨터가 표절여부를 확인하기 시작합니다. 다른 지원자의 자기소개서 내용, 대학과 입시학원의 홈페이지 자료, 언론의 칼럼 등 인터넷 자료를 긁어서 옮기면 당연히 걸릴 수밖에 없습니다.

시스템상에서 표절률이 높게 나오거나 색깔로 나타나는 문장이 많은 지원자의 자기소개서는 사정관이 주의 깊게 살펴보게 됩니다. 대학별로 시스템을 조금씩 바꿔 운용할 수도 있습니다. 가령 지원자의 출신 고교, 학급, 교사 이름을 확인하는 기능을 추가하는 식입니다. 지원자의 학교와 학급이 같다면 입학사정관은 교사가 자기소개서를 대필했는지 비교할 수 있습니다.

그리고 학생부의 비교과활동 내용이 자기소개서와 일치하는지, 즉 자기소개서의 내용을 신뢰할 수 있는지를 확인하는 데도 도움이 됩니다. 예를 들어 입학사정관은 학급 회장이나 봉사활동, 교내 수상실적 등 비교과 영역이 자기소개서에 포함돼 있는지 키워드로 검색할 수 있습니다. 학생부에는 장애인을 돕는 봉사활동을 했다고 기록되어 있는데, 자기소개서에는 다른 종류의 봉사활동을 했다고 나오면 서류전형에서 불리해진다고 봐야 합니다.

Q 특정학과에 맞춰 비교과를 준비하다 갑자기 진로를 바꾸면 이전 활동은 전혀 소용이 없나요?

A 그렇지 않습니다. 충분히 활용 가능합니다. 실제 상담 사례를 들어보겠습니다.

A군은 고등학교 2학년 초반까지 진로 목표가 사회복지사였습니다. 사회

복지 관련 학과를 입학사정관 전형으로 준비하기 위해 중요한 평가 항목인 봉사활동을 열심히 준비했습니다. 300여 시간이 넘는 봉사활동을 했고, 관련 자료 스크랩북도 만들었으며, 관련 영역의 독서도 많이 하고, 동아리활동도 열심히 했습니다.

그러던 중 A군은 사회복지사에 대한 회의가 들기 시작했습니다. 사회적 배려계층을 돕고 사회환경을 개선하기 위해 사회복지사가 되는 것이 최선일까? 좀 더 적극적이고 직접적인 경제활동을 통해 사회환경 개선에 참여하는 것이 더 멋진 일이 아닐까? 이러한 고심 끝에 A군은 경제학과나 경영학과로 진로를 바꾸게 됩니다. 물론 큰 고민에 빠졌습니다. 중학교 때부터 준비해 온 사회복지사의 꿈을 접는다면 지금까지의 노력이 모두 허사로 돌아가는 것이 아닌가 하는 염려 때문이었습니다.

이런 학생들이 종종 고민을 호소해 옵니다. 그러나 한창 성장기에 있는 학생들에게 진로 변경은 자연스런 현상입니다. 자신의 뜻이 바뀌었음에도 불구하고 오로지 입시를 위해 열정이 식었음에도 불구하고 그대로 밀고 나가는 것이 오히려 좋지 않은 결과를 낳을 수 있습니다.

진로가 바뀌었을 때는 그 과정을 상세하고 진솔하게 자기소개서와 면접에서 피력하는 것이 좋습니다. 이전에 준비했던 포트폴리오도 제출하고 단기간에 준비한 새로운 포트폴리오도 함께 제출합니다. 단, 여기서 확실하게 해야 할 것은 왜 꿈이 바뀌었는지 그 이유를 명확히 말할 수 있어야 한다는 것입니다.

다시 A군의 사례로 돌아가면, 이 학생은 다음과 같이 자신의 입장을 밝힐 수 있습니다.

"저는 사회복지사가 꿈이었는데, 이를 위해 사회 경제 구조적인 문제를 공부했습니다. 봉사활동도 열심히 했지요. 그러나 막상 가난하고 소외받은 사람들의 입장에 서보니, 사회복지사로 일하는 것보다는 돈을 많이 벌어서 그 돈을 다시 사회로 환원시키는 것이 훨씬 효과적이고 멋진 일이라는 생각이 들었습니다……."

중간에 진로가 바뀌었다고 해서 그동안 준비했던 것들을 폐기시키지 말고, 새로 생긴 꿈과의 연결고리만 확실하게 한다면 전혀 문제가 되지 않습니다.

Q 해외체험활동은 반영할 수 있나요?

A 단순히 스펙을 쌓기 위한 해외체험활동은 입시에서 가산점이 부여되지 않습니다. 불필요한 해외활동을 하는 것보다는 국내에서 지속적으로 할 수 있는 체험이나 봉사활동이 오히려 입학사정관들의 눈길을 끌 수 있습니다.

요즘은 아예 입시전형에 '해외봉사활동 반영 안 함'이라고 명기를 해놓은 학교도 자주 눈에 띕니다. 스펙을 쌓기 위한 무의미한 해외봉사활동이 사회적으로 문제가 되고 있기 때문입니다. 그러나 모든 해외체험활동이 결격 사유에 해당되는 것은 아닙니다.

평소 자신이 관심 있는 분야에서 꾸준히 다양한 체험활동을 해왔다면, 이와 연계된 해외봉사 및 체험활동은 확장 개념으로서 인정을 받을 수 있습니다. 해외활동은 반영불가, 국내활동만 반영가능이라는 원칙은 매우 부자연스러운 것이지요. 해외체험활동을 하기 전에 '관련 국내 활동들이 다양하게 있는가?, 해외활동에 대한 본인의 목적의식이 뚜렷한가?' 이 두 가지를 확인하면 도움이 되리라 생각합니다.

Q 외부 동아리활동도 인정이 되나요?

A 만약 학교 동아리에 자신이 원하는 주제의 동아리가 없을 경우에 담임과 상담한 후 학교장 승인을 받아 동아리활동을 할 경우에는 인정을 받을 수 있습니다. 교내 동아리활동을 할 수 없거나 자신과 맞지 않는다고 판단했을 때 교외 동아리활동에 참여해도 됩니다. 그러나 공공성이 강한 기관에서 주최하는 동아리인지 여부를 담임 혹은 담당교사에게 확인을 받고 참여해야 학교생활기록부와 에듀팟에 게재할 수 있습니다.

간혹 개인적으로 오랜 기간 참여한 지역 동아리인데 학교의 승인을 받지 못했을 경우 자기소개서나 면접에서 일부 피력할 수는 있으나, 이보다는 학교 승인을 받은 활동이 더 신뢰감을 줄 수 있습니다. 또한 외부활동을 할 때 대회 참가 등으로 인해 시간 조정이 필요할 때 학교 승인을 받은 활동이어야 쉽게 협조를 구할 수 있다는 장점도 있습니다. 따라서 동아리뿐만 아니라 체험활동 등 외부에서 이루어지는 비교과활동은 사전에 학교의 승인여부를 확인한 후 참가하는 것이 가장 좋습니다.

Q 모든 활동이 반드시 자신의 진로적성과 연결되어야 하나요?

A 반드시 그렇지는 않습니다. 극과 극은 통한다고, 어떤 영역이든 자신이 적극적으로 성실하게 최선을 다했다면 평가받는 영역과 정도는 비슷합니다.

예를 들어 교사가 꿈인 학생이 봉사활동을 반드시 학생을 가르치는 일만 해야 한다는 원칙은 없습니다. 체험활동도 마찬가지입니다. '도보순례'에 꾸준히 참가한 체험활동은 언뜻 교사와 연관된 포트폴리오로 보이지 않지만 인내력과 성실성, 문제해결능력, 사회성 등을 키울 수 있다고 평가를 받을 수 있습니다.

이러한 능력이 교사로서의 자질을 키우는 데 중요한 역할을 하기 때문에 연결이 안 된다고 볼 수 없지요. 따라서 체험, 봉사, 독서 등 비교과 영역에서 진로적성과 꼭 일치시켜야 한다는 강박관념은 버려도 좋습니다.

Q 비교과도 사교육이 필요하다고 하는데, 정말 그런가요?

A 비교과의 중요성은 학생이 비교과활동을 통하여 자신의 진로를 위하여 얼마나 지속적으로 활동을 했는지에 달려 있습니다. 따라서 사교육에 의존하기보다는 학생 본인이 스스로 무엇이 되고 싶은지에 대한 자아탐색을 통하여 관심 영역으로 활동을 확대해 나가는 것이 중요합니다.

만약 비교과활동이 부모나 사교육 주도로 이루어질 경우 학생이 수동적으로 움직이게 되어 흥미를 떨어뜨리면 지속적으로 해나가기 힘들 뿐 아니라 입학사정관에게도 그대로 드러나게 됩니다. 특히 면접 과정에서 이러한 것은 여실히 드러날 수밖에 없습니다.

교과 성적 올리기에서 사교육이 1등 공신 역할을 했던 것은 '성적 향상'이 어느 누구에게나 공동의 목표였기 때문입니다. 그러나 비교과는 공동의 목표라는 것이 없습니다. 전국 60만 명 학생 개개인 모두 목표가 다르고 비교과가 달라지기 때문에 이를 수학 커리큘럼처럼 일정 시스템에 넣고 조종하기가 불가능하기 때문입니다.